매일 아침 새로운 나를 만드는

하루 한 장
365
논어 일력

"이제부터 진짜 ▨▨▨ 시작된다!"

15만 부
베스트셀러
저자

월별 12개
테마 선정

논어 핵심
365 명구 수록

서스테인

들어가며

고전

"사람들의 입에 오르내리는 고전(古典)이 되려면 최소 100년은 지나야 한다"는 말이 맞다면《논어(論語)》는 고전 중의 고전이 분명합니다. 2500년의 시간을 품고 있는 책이기 때문입니다. 수천 년을 내려오면서 《논어》는 수많은 사람의 질문에 답을 했습니다. 정치를 물었던 정치가에게는 바른 정치의 길을, 경영을 물었던 경영가에게는 바른 경영의 길을, 인생의 길을 물었던 사람들에게는 바른 인생길을 제시했습니다.

원칙

세상은 참으로 빠르게 변합니다. 날마다 새로운 제품이 나오고, 키오스크를 통해야만 커피를 마실 수 있는 상황에 화가 나기도 하며, 한 지붕 아래에서도 쓰는 제품이 모두 다르기에 당황스럽기도 합니다. 그러나 변하지 않는 것도 있습니다. 사랑, 관계, 갈등, 근심, 걱정 같은 것들은 예나 지금이나 크게 다르지 않습니다. 어디서 누구하고 어떻게 살든 우리는 자주 갈등에 빠집니다. 신기한 건 갈등을 빠져나오는 방법이 예나 지금이나 크게 다르지 않다는 것입니다. 2500년 전이나 지금이나 두 사람 간의 갈등을 해결하는 기본은 같다는 것입니다.《논어》가 그것을 말해주고 있습니다.

《논어》

십수 년 전, 점심 식사 후 사무실 근처에 있는 잠실 석촌호수 산책로를 걸었습니다. 언제부턴가 천자문을 중얼거리며 걷기 시작했습니다. 천-지-현-황, 우-주-홍-황 천자문과 함께하니 매일 걷는 길인데도 지루하지 않아서 좋았습니다. 하루이틀, 일주일, 이 주일, 한 달, 두 달… 두세 계절이 지날 때쯤 천자문이 눈에 거의 들어왔습니다. 천자문은 여덟 글자씩 구성된 125개의 멋진 시구였습니다. 한자가 조금씩 친숙해지니 서점을 갔을 때《논어》책이 눈에 들어왔습니다. 그렇게《논어》는 저의 친구가 되었습니다. 천자문도 재미있지만,《논어》가 열 배는 더 재미있었습니다. 그래서 점심 후 산책하면서 천자문 대신《논어》를 읊조리게 되었습니다.

월별 테마 & 핵심 명구 365

《논어》는 15,691자, 500장(章), 20편(編)으로 구성된 동양 최고의 인문 고전으로 2500년 시간을 품고 내려온 '군자학'이자 '리더학'입니다. 이 책에서는《논어》500어구 중 주옥같은 365개의 명구를 뽑아 목표, 변화, 학습, 도전, 균형, 리더, 관계, 인생 등 12개의 테마로 나누어 정리했습니다.

"성상근야(性相近也) 습상원야(習相遠也)." 무엇을 반복하느냐에 따라 인생은 달라집니다. 앞으로 다가올 날들을 좀 더 멋지게 살고 싶다면, 새로운 마음으로 진짜 자신의 삶을 찾고 싶다면 매일 아침《논어》와 함께하는 깨달음의 즐거움으로 하루를 시작해보세요.《하루 한 장 365 논어 일력》은 하루에 하나씩, 나를 움직이는 분명한 힘을 줄 것입니다.

최종엽

인문학 강사. 대한민국 명강사(209호)로, 전국강사경연대회(2016)에서 금상을 수상했다. MBC, KBC <화통>, CJB <스페셜> 등 여러 방송 강연을 비롯하여, 연간 100회 이상 인문학 강연을 진행하고 있다.

한양대학교에서 인재개발교육으로 석사를 졸업했고, 평생학습으로 박사를 수료했다. 삼성전자에서 엔지니어, 인사과장, 경영혁신차장, PA부장으로 20여 년 근무했고, 현재 카이로스경영연구소 대표, 경희대학교 겸임교수, 면접전문위원, 칼럼니스트로 활동하고 있다.

저서로는 15만 부 베스트셀러 《오십에 읽는 논어》를 포함해 《오십에 쓰는 논어》, 《공자의 말》, 《공자의 담론》, 《지금 논어》, 《원려, 멀리 내다보는 삶》, 《일하는 나에게 논어가 답하다》, 《논어, 직장인의 미래를 논하다》, 《블루타임》 등이 있다.

월별 테마

1月
목표

간절하고 명확한 꿈과 목표는 세상의 그 무엇보다 강한 힘이 있습니다. 천명은 하늘이 내려 주는 명령이 아니라 자신이 선택하는 삶의 목표입니다. 인생의 하프타임에 자신의 천명을 다시 한번 점검하고 고민해보는 것은, 의미 있는 인생 후반전을 위한 또 하나의 멋진 전략이 될 것입니다.

2月
변화

어제와 같은 오늘, 오늘과 같은 내일이 이어지는 삶에는 희망이 없습니다. 학습과 변화를 통해 발전해나가는 사람의 하루하루는 다릅니다. 사람은 누구나 잘못을 저지르지만, 잘못을 고치려 노력하는 존재이기도 하기에 희망이 있는 것입니다. 변화하지 않거나 궁리하지 않는 사람은 아무리 좋은 곳에서 일한다 해도 좋은 결과를 얻기가 어렵습니다.

3月
학습

학습(學習)은 2500년의 역사가 쌓인 단어로 예나 지금이나 중요하게 생각하는 가치입니다. 시간은 누구에게나 공평하며, 기다림도 없고 되돌릴 수도 없는 흐르는 강물과도 같기에 생각 없이 배우면 얻는 게 없고, 생각만 하고 배우지 않으면 인생이 위태롭게 됩니다. 지난 것을 공부하여 새로운 것을 찾아내거나, 앞날을 알 수 있는 사람이 바로 앞서가는 리더(Leader)입니다. 리더는 또한 리더(Reader)입니다.

4月
도전

시작하기도 전에 '어렵다', '힘들다', '가망 없다'고 생각하는 일들은 결국 그렇게 됩니다. 긍정을 선택해야 가능성이 생깁니다. 간절히 바라던 바를 이루고 싶다면 오늘을 뜨겁게 살아야 합니다. 언제나 내가 할 일은 딱 한 가지, 알아줄 만한 사람이 되는 것입니다.

5月
균형

삶에는 겉과 속이 조화를 이루는 균형이 필요합니다. 사람은 겉모습보다 내면이 중요하지만, 내면의 아름다움에 적절한 외면을 갖춘 이가 더 멋진 사람입니다. 인생 전반은 지자(知者)의 삶으로, 인생 후반은 인자(仁者)의 삶으로 살아가는 균형도 필요합니다. 이익만을 따라가다 보면 원망이 많아지고, 사람을 제대로 볼 줄 아는 지혜가 있어야 세상에 흔들리지 않습니다.

6月
리더

《논어》를 한 단어로 줄이면 '군자학', '리더학'입니다. 리더가 되려면 먼저 학습의 관문을 통해야만 합니다. 먼저 스스로 서야 다른 사람을 이끌 수 있기 때문입니다. 리더의 두 번째 조건은 사람들과 함께하는 것입니다. 사람과의 좋은 관계는 행복의 필수 조건이기 때문입니다. 리더의 세 번째 조건은 주도성입니다. 다른 사람들이 알아주든 알아주지 않든, 자신과 조직의 목표를 위해 흔들림이 없어야 합니다.

7月
관계

관계를 푸는 핵심기술은 바로 '역지사지'입니다. 다른 사람이 나를 알아주지 않음을 걱정하지 말고, 다른 사람을 알지 못함을 걱정해야 합니다. 자기가 서고 싶으면 다른 사람을 먼저 서게 해주고, 자기가 달성하고 싶으면 다른 사람을 먼저 달성시켜주는 마음이 역지사지의 마음입니다.

8月
인생

목표나 꿈이 있다고 해서 일상의 근심 걱정이 없는 것은 아니지만, 그 꿈이 간절하고, 목표가 분명하다면 근심 걱정을 이겨낼 수 있습니다. 세상에 반복, 습관, 꾸준함을 이길 수 있는 것은 아무것도 없습니다.

9月
가정

싫은 기색을 보이면서 부모의 일을 도와드린다면 그것을 보는 부모의 마음이 편할까요? 찡그린 자식의 얼굴을 보면 음식이 입으로 제대로 넘어갈까요? 오로지 자식이 아프지 않을까를 걱정하는 사람이 바로 부모입니다. 그 마음을 헤아리는 것이 바로 효의 시작입니다.

10月
정치

리더가 바르지 않으면 그 어떤 방법을 사용해도 사람들은 따르지 않습니다. 함께하는 사람들을 즐겁게 해주면 가만히 있어도 멀리에서 사람들이 찾아옵니다. 리더는 게으름이 없어야 합니다. 성실해야 합니다. 그게 싫으면 조직과 자신을 위해서라도 리더의 자리에서 내려와야 합니다.

11月
제자

사마천의 《사기》에 의하면 공자의 제자는 3,000명에 달했다고 합니다. 그중 72명의 현자가 있었고 핵심 제자 10명의 철인(哲人)이 있었습니다. 공자를 따라 천하주유를 함께했던 10명의 제자를 가리켜 10철(哲)이라 하고, 이들을 덕행, 언어, 정사, 문학으로 구분하여 공문사과(孔門四科)라고도 합니다. 덕행에는 안연, 민자건, 염백우, 중궁이었고, 언어에는 재아와 자공이었고, 정사에는 염유와 계로였고, 문학에는 자유와 자하였습니다.

12月
공자

공자는 어려서 빈천했기에 비천한 일에 능하게 되었다고 스스로 말한 바가 있습니다. 또한 공자는 나면서부터 아는 사람이 아니라 옛것을 좋아해서 부지런히 그것을 구한 사람이라고도 했습니다. 제자 자공은 공자를 가리켜 온화하고, 선량하고, 공손하고, 검소하고, 겸양의 덕을 갖추셨다고 말했습니다. 공자는 학문을 통한 깨달음의 즐거움에 근심을 잊으며, 늙어가는 것조차 알지 못하는 사람이었습니다.

1月

목표

뜻을 세우지 않고 하는 공부는 어둠 속을 걷는 일과 같기에
나아가야 할 목표를 분명하게 정하는 일이
무엇보다 선행되어야 합니다.

入太廟 每事問
입태묘 매사문

태묘에 들어서는 매사를 물으셨다.

주공의 위패를 모신 노나라 종묘인 태묘를 방문할 때마다 공자께서는 매사 질문을 하셨습니다.
유명한 박물관, 미술관을 방문할 때면 아무리 그 분야에 조예가 깊다고 해도 그곳을 관리하고 연구하는 담당자에게 묻는다면 분명 새롭게 배우는 것이 많아질 것입니다.

子曰 三軍可奪帥也 匹夫不可奪志也
자왈 삼군가탈수야 필부불가탈지야

자한편 25장

공자께서 말씀하셨다.

"삼군의 장수는 빼앗을 수 있어도, 필부의 가슴에 품은 뜻은 빼앗을 수 없다."

36,000명을 거느린 삼군(좌군, 우군, 중군)의 장수는 쓰러트릴 수 있어도, 보통 사람의 마음에 품은 뜻은 빼앗기 어려울 때가 있습니다. 한 사람의 꿈과 목표가 수만 명을 거느린 장수의 힘보다 더 강할 때가 있습니다. 그것이 바로 나일 때, 그 뜻이 간절하고 분명할 때 더욱 그렇습니다.

見齊衰者 雖狎 必變 見冕者與瞽者 雖褻 必以貌
견자최자 수압 필변 견면자여고자 수설 필이모

향당편 15장

공자께서는 상복 입은 사람을 만나면 비록 친한 사이라고 할지라도 반드시 변색하셨고, 예모를 쓴 관리와 눈먼 사람을 만나면 비록 허물없는 사이라고 할지라도 반드시 예의 있는 용모를 갖추셨다.

공자께서는 상복을 입은 사람을 만나면 얼굴색을 가다듬고 정중하게 인사를 하고, 나라를 위해 일하는 관리들에게도 정중히 인사를 하며, 장애인을 만났을 때도 정중하고 예의 있게 행동하셨습니다. 슬픔을 당한 사람, 도움이 필요한 사람을 정중하고 따뜻하게 대하는 것은 동양의 오래된 전통입니다.

子曰 歲寒然後知松栢之後彫也
자왈 세한연후지송백지후조야

자한편 27장

공자께서 말씀하셨다.
"날씨가 추워진 뒤에야 소나무와 잣나무가 늦게 시드는 것을 알게 된다."

환경이 좋을 때는 준비된 사람이나 준비 안 된 사람이나 크게 차이 나 보이지 않지만, 환경이 열악해지면 준비된 사람은 금방 그 진가를 드러내기 시작합니다. 겨울에도 청청한 소나무와 잣나무는 그 푸름의 진가를 발휘합니다. 어려울 때 더 빛나는 송백(松柏) 같은 자신의 강점을 평소에 만들어가는 전략은 누구에게나 필요합니다.

齊人歸女樂 季桓子受之 三日不朝 孔子行
제인귀녀악 계환자수지 삼일부조 공자행

미자편 4장

제나라 사람이 여악을 보내왔다. 계환자가 이를 받아들여 사흘 동안 조회를 열지 않았다. 공자께서는 노나라를 떠나셨다.

제나라는 노나라를 쇠약하게 만들기 위해 미녀 악사 수십 명을 노나라에 보냈습니다. 제나라의 계획대로 노나라의 군주와 대신들은 정치를 게을리했고, 공자께서는 노나라는 더는 희망이 없다는 판단에 자의 반 타의 반 노나라를 떠나 장장 14년 동안의 천하주유를 하게 되었습니다.

3

子曰 欲善先其事 必先利其器
자왈 공욕선기사 필선리기기

위령공편 9장

공자께서 말씀하셨다.
"일을 잘하려면 반드시 먼저 연장을 갈아 놓아야 한다."

자신의 업무를 잘하려면 기본적인 장비나 기술을 미리 연마해놓아야 합니다. 예나 지금이나 멋진 인생길을 가고 싶다면 이미 그 분야에서 성공한 멘토를 찾아 그를 따르고 배우는 것이 가장 빠르고 확실한 방법입니다.

子曰 予欲無言 子貢曰 子如不言 則小子何述焉
자왈 여욕무언 자공왈 자여불언 즉소자하술언
子曰 天何言哉 四時行焉 百物生焉 天何言哉
자왈 천하언재 사시행언 백물생언 천하언재

양화편 19장

공자께서 "나는 말을 하지 않으련다"라고 하시자 자공이 "선생님께서 말씀을 하시지 않으면 저희가 어떻게 전술(傳述)하겠습니까?"라고 했다. 그러자 공자께서 말씀하셨다.
"하늘이 무엇을 말하더냐? 네 계절이 운행하고 만물이 생겨나지만, 하늘이 무슨 말을 하더냐?"

천하의 공자께서도 이런 말씀을 제자에게 했습니다. "나는 이제 더는 말하고 싶지 않다. 하늘이 무슨 말을 하더냐? 말이 없어도 사계절은 운행되고, 세상 만물은 낳고 자라는데, 하늘이 무슨 말을 하더냐?" 스승의 가르침을 이해 못 하면서 계속 가르침을 달라는 제자들이 야속해서일까요? 아니면 말하지 않아도 사계는 흐르고, 만물 또한 생육을 멈추지 않듯, 천리대로 살아가면 자연스러운 것인데도 도가 행해지지 않고 있는 춘추시대에 대한 분노일까요?

子曰 後生可畏 焉知來者之不如今也
자왈 후생가외 언지래자지불여금야
四十五十而無聞焉 斯亦不足畏也已
사십오십이무문언 사역불족외야이

위령공편 22장

공자께서 말씀하셨다.
"후배들을 두려워해야 한다. 어찌 그들이 지금의 우리만 못하리라 할 수 있겠는가? 하지만 40, 50세가 되어도 그의 이름이 알려지지 않는다면 이 또한 두려워할 바는 못된다."

단지 나보다 나이가 적다는 이유로 젊은 사람이나 후배들을 무시해서는 안 됩니다. 시간이 지나 그들이 지금의 내 나이가 되었을 때 나보다 더 나은 사람이 될 수도 있기 때문입니다. 하지만 그의 나이가 40, 50세가 되어도 뭔가 잘한다는 소문이 들리지 않는다면 더는 두려워할 필요는 없다는 후생과외(後生可畏) 정신을 말하고 있습니다.

原壤夷俟 子曰 幼而不孫弟 長而無述焉
원양이사 자왈 유이불손제 장이무술언
老而不死 是爲賊 以杖叩其脛
로이불사 시위적 이장고기경

헌문편 43장

원양이 다리를 뻗고 앉아 기다리고 있었는데 공자께서 "어려서는 겸손하지도 우애롭지도 않고, 자라서는 별다른 업적도 없고, 늙어서 죽지도 않고 밥만 축내니 이런 해로운 존재야"라고 하시며 지팡이로 그의 종아리를 가볍게 치셨다.

원양이라는 고향 친구에게 공자가 가볍게 쓴소리하는 장면입니다. "야 이놈아, 너는 어려서 공손하지도 겸손하지도 못했고, 형제자매들에게 우애도 없었으며, 평생 뭐하나 변변하게 이룬 것도 없이 지금까지 살고 있으니… 계속 밥만 축내고 있으니…." 친구의 종아리를 툭툭 치고 있는 공자의 모습이 정겹게 그려집니다.

子曰 可與共學 未可與適道
자왈 가여공학 미가여적도
可與適道 未可與立 可與立 未可與權
가여적도 미가여립 가여립 미가여권

자한편 29장

공자께서 말씀하셨다.
"함께 배울 수는 있어도 모두 도를 행하는 데로 나아갈 수는 없으며, 함께 도를 행할 수는 있어도 모두 도(道)로 일어서는 것은 아니며, 함께 일어설 수는 있어도 모두 권도를 행할 수 있는 것은 아니다."

전공이 같다고 모두 같은 일을 하는 것은 아니며, 같은 조직에서 일한다고 모두 함께 승진하는 것도 아닙니다. 비슷한 30대를 보냈다고 해서 모두 40대가 비슷해지는 것은 아니며, 인생 전반전에 승점을 냈다고 해서 모두 인생 후반이 행복한 것도 아닙니다. 어차피 모두가 같은 삶을 살 수는 없습니다. 언제 어디서라도 최선을 다하는 삶이 아름다운 삶입니다.

晨門曰 是知其不可而爲之者與
신문왈 시지기불가이위지자여

(헌문편 38장)

성문지기가 말했다.
"안 되는 줄 알면서도 굳이 하려는 그 사람인가요?"

자로가 노나라의 남쪽 외성문(外城門)에서 묵었더니 성 문지기가 "어디서 왔소?"라고 묻기에 "공씨 문중에서 왔소이다"라고 하자, 성 문지기가 이렇게 되물었습니다. "해 보았자 안 되는 줄 알면서도 한사코 하려고 하는 바로 공자 말인가요?"

당시 보통 사람들이 보는 공자의 모습입니다. 앞이 안 보이고 힘들지만 해야만 하는 일을 포기하지 않고 묵묵히 실천하는 그런 리더는 시대를 불문하고 꼭 필요합니다.

子曰 吾十有五而志于學
자왈 오십유오이지우학

위정편 4장(1)

공자께서 말씀하셨다.
"나는 열다섯에 학문에 뜻을 두었다."

조선의 율곡 이이 선생도 지우학(志于學)의 중요성을 반복하여 강조했습니다. 뜻을 강건하게 세우지 않고 하는 공부는 어둠 속을 걸어가는 사람과 같기에, 목적과 목표를 분명하게 정하는 일이 선행되어야 합니다.

升車 必正立 執綏 車中不內顧 不疾言 不親指
승거 필정립 집수 거중불내고 부질언 불친지

향당편 16장

수레에 오르실 때는 반드시 똑바로 서서 손잡이를 잡으셨다. 수레 안에서는 안으로 돌아보지 않으셨고, 빠르게 말하지 않았으며, 직접 손가락질을 하지 않으셨다.

가끔 자신을 위해 일하고 있는 기사에게 언어폭력, 신체 폭력을 자행하는 오만한 몇몇 리더들이 사람들의 마음을 아프게 합니다만 대다수의 선량한 시민들은 그와 반대입니다. 버스를 탈 때는 똑바로 서서 손잡이를 잡습니다. 많은 사람이 함께 타고 있는 버스 안에서는 이리저리 두리번거리지 않고, 오랫동안 시끄럽게 통화하지도 않습니다. 다른 사람들에게 불편을 끼치거나 에티켓에 어긋나는 행동을 알기 때문입니다.

7

子曰 三十而立
자왈 삼십이립

위정편 4장(2)

공자께서 말씀하셨다.
"서른에 일어섰다."

한마음으로 10년 이상 노력하여 뜻한 바를 성취하는 것은 대단한 일입니다. 거기에는 일에 대한 분명한 이유와 끝까지 포기하지 않는 끈기가 있었기 때문입니다. 끈기와 열정의 뿌리는 좋아하는 일을 선택하는 데 있습니다. 공자는 서른에 가정적, 학문적, 사회적으로 일어섰습니다.

寢不尸 居不容
침불시 거불용

향당편 15장

주무실 때는 시체처럼 보이지 않게 하셨고, 집에 계실 때는 근엄한 표정을 짓지 않으셨다.

《논어》는 참으로 현실적인 책입니다. 2500여 년 전 공자의 잠자는 모습까지도 가감 없이 기록해 놓았습니다. 차렷 자세로 누워서 마치 시체처럼 잠을 자지 않으셨고, 집에 계실 때는 근엄하고 딱딱한 표정과 자세가 아닌 부드럽고 편안한 표정과 자세로 일상을 보내셨다는 기록입니다.

子曰 四十而不惑
자왈 사십이불혹

위정편 4장(3)

공자께서 말씀하셨다.
"마흔에 흔들림이 없었다."

어떤 일이든 10년 정도는 해봐야 그 진면목을 알게 됩니다. 3년 혹은 5년을 일해보고 포기한다면 그건 너무 빠른 결정일 수 있습니다. 15년을 공부하고 서른에 일어섰던 공자께서도 10년이 더 지난 마흔이 돼서야 사람을 제대로 보는 눈을 갖게 되었으며 다양한 유혹에서 벗어날 수 있었습니다.

朋友之饋 雖車馬 非祭肉不拜

붕우지궤 수거마 비제육불배

향당편 14장

친구가 주는 선물은 비록 수레나 말일지라도, 제사에 사용한 고기가 아니면 절을 하지 않으셨다.

춘추시대에는 친구 사이에 재물을 함께하는 의리가 있었기 때문에 수레나 말처럼 큰 선물일지라도 서로가 주고받았는데, 다만 제수로 사용한 고기에게 꼭 절을 하여 그의 조상을 공경했다는 공자의 일화입니다.

子曰 五十而知天命
자왈 오십이지천명

위정편 4장(4)

공자께서 말씀하셨다.
"오십에 천명을 알았다."

천명은 하늘이 내려 주는 것이 아니라, 내가 정하는 것입니다. 전반전을 마친 인생의 하프타임 오십에 자신의 천명을 다시 한 번 점검하고 고민해보는 것은, 의미 있는 인생 후반전을 위한 또 하나의 멋진 전략이 될 것입니다.

鄉人飮酒 杖者出 斯出矣
향인음주 장자출 사출의

향당편 10장

마을 사람들이 한데 모여 술을 마실 때는 지팡이를 짚은 노인이 먼저 나가면 그제야 나가셨다.

마을에 행사가 있거나 제례가 있어 마을 사람들이 한데 모여 술을 마실 때는 나이 많이 든 어르신이 먼저 일어서야 그제야 일어섰습니다. 사회적으로 성공을 했다손 치더라도 태어나고 자란 고향의 마을에서는 나이의 많고 적음에 따라 공손하게 행동하는 것이 예에 맞는 태도였습니다.

子曰 六十而耳順
자왈 육십이이순

> 위정편 4장(5)

공자께서 말씀하셨다.
"육십에 귀가 순해졌다."

누구나 다양한 경험을 거치며 육십이 됩니다. 기쁨, 슬픔, 사랑, 이별을 겪으면서 환갑을 지나게 됩니다. 시력이 떨어지고 동작은 느려지면서 육십 고개를 넘어갑니다. 들어도 못 들은 듯해야 할 때가 있습니다. 그렇게 진정으로 다른 사람을 이해하는 어른의 자리로 이동하게 됩니다.

席不正 不坐
석부정 부좌

(향당편 9장)

자리가 반듯하지 않으면 앉지 않으셨다.

공자께서는 앉기 전에 자리를 먼저 살피셨고, 앉아야 할 자리가 아니면 앉지 않으셨습니다. 반듯하게 정리된 깨끗한 환경이 몸과 마음을 편안하게 하여 좋은 성과를 만들어 내기 때문입니다. 어떤 자리에 앉기 전에 그 자리가 내 자리가 아니라면 피하는 것이 상책입니다. 완장을 차거나 높은 자리에 앉으면 사람의 마음이 달라지기가 십상이기 때문입니다.

子曰 七十而從心所欲不踰矩
자왈 칠십이종심소욕불유구

위정편 4장(6)

공자께서 말씀하셨다.
"칠십에는 마음이 원하는 대로 해도 세상의 기준에 어긋나지 않았다."

밝아오는 아침 태양도 아름답지만, 노을로 빠져드는 저녁 해도 아름답습니다. 누구에게나 단 한 번뿐인 삶, 한 번뿐인 기회입니다. 이를 어떻게 만들어갈 것인가는 오로지 자신에게 달려 있습니다. 마음이 가는 대로 해도 어긋남 없는 인격적으로 완성된 단계에 도달하기 위해서는 무엇보다 가고자 하는 삶의 방향을 분명히 정할 필요가 있습니다. 그래야 아름답고 조화로운 인생 황혼에 다다를 수 있습니다.

食不語 寢不言
식불어 침불언

(향당편 8장(6))

식사 때와 잘 때는 말을 하지 않으셨다.

공자께서는 식사하실 때 말씀을 많이 하지 않으셨습니다. 잠자리에 드셔서도 말씀을 많이 하지 않으셨습니다. 식사 시 말을 많이 하면 음식을 씹는 것에 소홀해지고 결국 소화에도 문제가 생기기에 식사에 집중했습니다. 잠자리에서 말을 많이 하면 숙면에 피해가 되기에 말씀하지 않으셨습니다.

子曰 賜也 女以予爲多學而識之者與
자왈 사야 여이여위다학이지지자여
對曰 然 非與 曰 非也 予一以貫之
대왈 연 비여 왈 비야 여일이관지

위령공편 2장

공자께서 말씀하셨다.

"사야, 너는 내가 많이 배워 그것을 모두 기억하고 있다고 생각하느냐?"

자공이 그렇다고 대답하자 공자께서 "그렇지 않다. 나는 하나로써 모든 것을 꿰뚫고 있다"라고 했다.

아무리 이론과 지식으로 중무장해도 바르게 살지 못한다면 그 이론과 지식은 공허한 사치에 불과합니다. 공자는 성실과 배려로 세상의 문제를 풀고 싶어 했던 리얼리스트입니다. 바른 행동과 실천을 통해 모두에게 이익이 되게 하려는 게 공자 학문의 핵심이었습니다.

12月 ─── 19

祭於公不宿肉 祭肉不出三日 出三日不食之矣.
제어공불숙육 제육불출삼일 출삼일불식지의

향당편 8장(5)

나라의 종묘에서 제사를 지내고 가져온 고기는 그날을 넘기지 않으셨다. 집안의 제사에 쓴 고기는 사흘을 넘기지 않으셨으며 사흘이 지나면 잡수시지 않으셨다.

나라에서 제사를 지내고 고위 관료들에게 내려준 고기는 날을 넘기게 되면 상하거나 부패하기에 그날을 넘기지 않고 드셨으며, 집안 제사에 쓴 고기는 사흘 정도는 두고 먹을 수 있기에 사흘 이내에 드셨습니다. 건강을 위해 조리 기간을 고려하여 음식을 조절했던 지혜를 엿볼 수 있습니다.

子曰 參乎 吾道一以貫之
자왈 삼호 오도일이관지
曾子曰 夫子之道 忠恕而已矣
증자왈 부자지도 충서이이의

이인편 15장

공자께서 말씀하셨다.
"나의 도는 하나로 꿰어져 있다."
증자가 말했다.
"스승님의 도는 충과 서일뿐이다."

자신이 맡은 일에는 한마음으로 끝까지 해내는 충(忠)의 마음을 갖지만, 타인의 잘못에는 너그러운 마음으로 포용하는 서(恕)의 마음이 충서(忠恕)입니다. 공자는 충서의 일관된 마음으로 평생을 살았습니다.

惟酒無量 不及亂 沽酒市脯不食

유주무량 불급란 고주시포불식

향당편 8장(4)

술은 그 양을 한정하지 않으셨으나 어지럽힐 정도까지는 이르지 않으셨다. 시장에서 산 술과 고기포는 드시지 않으셨다.

공자께서는 술을 마심에 양을 미리 정해 마시지는 않았지만 어지러울 지경에 이르지는 않으셨습니다. 시장에서 사 온 술과 고기포는 드시지 않으셨습니다. 출처가 확실하지 않은 음식은 드시지 않으셨습니다.

子曰 見賢思齊焉 見不賢而內自省也
자왈 견현사제언 견불현이내자성야

(이인편 17장)

공자께서 말씀하셨다.
"어진 사람을 보면 그와 같이 되기를 생각하고, 어질지 못한 사람을 보면 안으로 자신을 성찰해보아야 한다."

잘난 사람을 보면 그의 잘남에 질투가 나고, 못난 행동을 하는 사람을 보면 그의 못난 행동에 화가 납니다. 그런데 공자는 반대로 가르칩니다. 잘난 사람을 보면 나도 그와 같이 되기를 생각하고, 못난 행동을 하는 사람을 보면 나는 저러지 말아야지 하고 되돌아보아야 합니다.

肉雖多 不使勝食氣
육수다, 불사승사기

향당편 8장(3)

고기가 비록 많을지라도, 밥보다 많이 드시지 않았다.

공자께서 벼슬을 했던 50대 초반의 식사 상황으로 밥상에 올라온 고기를 많이 드시기는 했어도 밥의 기운을 넘지 않았습니다. 2500년 전 공자의 식생활을 가감 없이 보여주는 선명한 수채화 같은 모습입니다.

15

子曰 三人行 必有我師焉 擇其善者而從之 其不善者而改之
자왈 삼인행 필유아사언 택기선자이종지 기불선자이개지

술이편 21장

공자께서 말씀하셨다.
"세 사람이 길을 가면 반드시 나의 스승이 있다. 선한 사람에게선 그 선함을 따르고, 선하지 않은 사람에게선 그를 보고 나를 고쳐야 한다."

세상 사람은 모두 나의 선생입니다. 잘난 사람에게선 잘남을 배우고, 못난 사람에게선 나의 못남을 없애려는 것을 배우면 됩니다. 착한 사람에게선 선한 인성을 배우고, 악한 사람에게선 내 안의 악한 감정을 없애려 노력하면 됩니다. 내가 누구를 만나든 오로지 나에게 달려있습니다.

色惡不食 臭惡不食 失飪不食 不時不食
색악불식 취악불식 실임불식 불시불식

향당편 8장(2)

빛깔이 나쁜 것을 드시지 않으셨고, 냄새가 나쁜 것을 드
시지 않으셨고, 알맞게 익지 않은 것을 드시지 않으셨고,
식사 때가 아니면 드시지 않으셨다.

우리 몸에 생기는 대다수의 질병은 음식으로부터 기인됩니다. 싱싱하지 않고 고약한 냄새가 나
는 채소나 설익은 과일을 피했고, 쉬었거나 부패한 냄새가 나는 음식을 피했고, 설익은 음식이
나 적절하게 굽지 않은 육류나 어류는 피했고, 식사는 정해진 시간에 따라 제때 했다는 공자의
자술입니다. 73세까지 건강을 유지했던 데는 다 이유가 있어 보입니다.

1月 ——————————— **16**

子曰 見義不爲 無勇也
자왈 견의불위 무용야
(위정편 24장)

공자께서 말씀하셨다.
"의로운 것을 보고 실천하지 않는 것은 용기가 없는 것이
다."

리더는 남과 다른 믿음과 용기가 있어야 합니다. 어떤 것이 진정으로 의로운 것인지를 알아보는 식견이 있어야 하며, 의로운 것을 보았다면, 실행과 실천으로 옮길 수 있어야 진정한 리더로 설 수 있습니다.

食不厭精 膾不厭細 食饐而餲 魚餒而肉敗 不食
사불염정 회불염세 사의이애 어뇌이육패 불식

(향당편 8장(1))

곱게 찧은 쌀로 지은 것을 싫어하지 않으셨고, 회는 가늘게
썬 것을 싫어하지 않으셨다. 밥이 쉬어 냄새가 나거나 맛이
변한 것, 상한 생선이나 부패한 육류는 드시지 않았다.

2500여 년 전 춘추시대 노나라에서 고위 관직 생활을 할 당시의 일상을 한 폭의 흑백 스크린처
럼 묘사해놓은 편이 《논어》 향당편입니다. 공자의 의식주를 간접적으로 엿볼 수 있는 장면들이
많이 등장합니다. 공자께서는 곱게 찧은 쌀로 지은 밥과 잘게 썬 회를 좋아하셨고, 쉰밥이나 상
한 밥, 상한 생선, 부패한 고기는 드시지 않았습니다.

子曰 已矣乎 吾未見能見其過 而內自訟者也
자왈 이의호 오미견능견기과 이내자송자야

공야장편 26장

공자께서 말씀하셨다.
"그만두자. 나는 아직 자기의 허물을 발견하고 속으로 자기를 꾸짖는 자를 보지 못하였다."

보통 사람들은 상대의 잘못은 볼록렌즈를 통해 보고, 자신의 잘못은 오목렌즈를 통해 보기에 다른 사람의 잘못은 늘 더 커 보이고, 자신의 잘못은 늘 작아 보입니다. 리더는 그 반대입니다. 상대의 잘못은 오목렌즈를 통해 보고, 자신의 잘못은 볼록렌즈를 통해 보기에 다른 사람의 잘못은 늘 더 작아 보이고, 자신의 잘못은 늘 더 커 보입니다.

子見南子 子路不說 夫子矢之曰 予所否者 天厭之 天厭之
자견남자 자로불열 부자시지왈 여소비자 천염지 천염지

옹야편 26장

공자께서 위나라 영공의 부인을 만나자 자로가 좋아하지 않았다. 이에 공자께서 맹세하시며 말씀하셨다. "내가 부정하는 사람은 하늘도 싫어할 것이다. 하늘도 싫어할 것이다."

공자가 천하주유시 위나라를 방문했을 때 위나라 군주의 부인이었던 남자(南子)를 어쩔 수 없이 만난 일을 두고, 제자인 자로가 싫어하는 기색을 보이자 공자께서 이른 말씀입니다.
"너희들이 그녀의 소문만 듣고 그대로 믿을 필요는 없다. 그녀의 죄악이 소문대로 그렇게 크다면 하늘이 그녀를 가만두지 않을 것이기 때문이다."

顔淵曰 仰之彌高 鑽之彌堅 夫子循循然善誘人
안연왈 앙지미고 찬지미견 부자순순연선유인
博我以文 約我以禮 欲罷不能
박아이문 약아이례 욕파불능

자한편 10장

안연이 말했다.
"우러러볼수록 더욱 높고, 파고들수록 더욱 견고하며,
스승님께서는 차근차근 사람을 잘 이끌어주시는 분이기
에, 학문으로 나의 지식을 넓혀 주시고, 예로 나의 행동
을 절제하게 해 주셨다. 공부를 그만두려 해도 그만둘 수
없었다."

2500년 전 최고의 스승 공자 아래 최고의 제자 안연이 만들어졌습니다. 따르고 싶은 멘토를 정
하기만 하면 책을 통하든, 강연을 통하든, 직접 찾아가든 스승을 만나는 길은 다양합니다. '누구
를 따를 것인가', 그것을 고민해야 합니다.

13

子曰 二三子以我爲隱乎 吾無隱乎爾
자왈 이삼자이아위은호 오무은호이
吾無行而不與二三子者 是丘也
오무행이불여이삼자자 시구야

(술이편 23장)

공자께서 말씀하셨다.
"너희들은 내가 뭘 숨긴다고 생각하느냐? 나는 숨기는
게 없다. 행하면서 너희와 함께하지 않은 것이 없는 사람
이 바로 나다."

스승의 말에만 매달리는 제자들에게 공자는 말합니다. "오해하지 마라. 나는 이미 나의 행동과
일상으로 너희에게 모든 가르침을 주고 있다." 말이 많다는 것은 말로 설명하기엔 무언가 부족
하다는 것을 의미합니다. 공자의 말은 간명합니다. 말보다 더 확실한 행동으로 말하기 때문입니
다. 겉과 속이 다르지 않은 진정한 스승의 모습입니다.

子曰 射不主皮 爲力不同科 古之道也
자왈 사부주피 위력부동과 고지도야

팔일편 16장

공자께서 말씀하셨다.
"활쏘기에서 과녁의 가죽을 뚫는 것을 위주로 하지 않는 것은 사람의 힘이 각기 다르기 때문이다. 이것이 옛날의 도였다."

화살이 과녁에 얼마나 깊숙이 박히느냐가 아닌, 얼마나 정중앙에 맞히느냐가 활쏘기 경기의 승패를 결정하는 중요한 요소입니다. 문제의 핵심을 얼마나 정확하게 파악하고 있느냐가 문제를 풀 때 무엇보다 중요합니다.

子在齊聞韶 三月不知肉味 曰 不圖爲樂之至於斯也
자재제문소 삼월부지육미 왈 부도위악지지어사야

술이편 13장

공자께서 제나라에 계실 때 순임금의 음악인 소를 들으
시고는 석 달 동안 고기 맛을 모르시더니 말씀하셨다.
"예전의 음악이 이렇게까지 아름다울 줄은 생각지도 못
했다."

만약 노래나 연주와 같은 음악이 없다면 우리의 세상살이는 상상조차 하기 어려울 것입니다. 아름다운 연주와 노래를 듣는 행복은 예나 지금이나 다를 게 없습니다. 노나라 사람인 공자가 제나라에서 순임금의 음악인 소를 들을 때 무엇을 먹는지조차 잊을 정도로 심취하셨다는 일화입니다. 동양 최고의 노래 가사집인《시경》을 공자께서 엮은 데는 다 이유가 있었습니다.

子曰 知及之 仁不能守之 雖得之 必失之
자왈 지급지 인불능수지 수득지 필실지

위령공편 32장

공자께서 말씀하셨다.
"지혜가 충분히 미쳐도, 인으로써 능히 지키지 못한다면
비록 얻었다 할지라도 반드시 잃고 말 것이다."

출중한 아이디어와 훌륭한 전략으로 성공해도, 함께 일하는 사람의 마음을 얻지 못하면 오래 가지 못합니다. 인(仁)이란 무엇일까요? 상대를 생각하는 마음입니다. 상대의 입장으로 생각하는 역지 사지(易地思之)의 마음입니다. 직원의 마음과 고객의 입장으로 생각하는 마음이 어진 마음입니다.

子之所愼 齊 戰 疾
자지소신 재 전 질

술이편 12장

공자께서 신중히 여기셨던 바는 재계와 전쟁과 질병이었다.

국가의 중요한 사항을 결정하기 전에 마음을 깨끗이 하고 욕심을 줄이는 재(齊)계와 군사 및 전쟁에 관한 사항, 위생, 보건, 양생에 관한 문제는 예나 지금이나 중요합니다. 중요한 문제를 결정하거나 행사를 진행할 때 절차를 무시한 채 성급하게 진행하거나, 국방이나 전쟁에 관한 문제를 감정적으로 판단하거나, 코로나 같은 중대한 전염병을 쉽게 생각했다가는 돌이킬 수 없는 치명타를 받게 되기 때문입니다.

子曰 仁遠乎哉 我欲仁 斯仁至矣
자왈 인원호재 아욕인 사인지의

술이편 29장

공자께서 말씀하셨다.
"인이 멀리 있는가? 내가 인하고자 하면 곧 인에 이를 것이다."

상대의 입장으로 생각하는 것은 말처럼 쉬운 일이 아닙니다. 누군가를 용서하는 것도 그리 만만한 일이 아닙니다. 하지만 공자님의 말씀처럼 전혀 불가능한 것은 아닙니다. 한 달에 한 번이 어렵다면, 반년에 한 번만이라도, 1년에 한 번만이라도, 상대의 입장으로 생각해본다면 세상은 훨씬 더 아름다워질 것입니다.

子食於有喪者之側 未嘗飽也 子於是日哭 則不歌
자식어유상자지측 미상포야 자어시일곡 즉불가

(술이편 9장)

공자께서는 상을 당한 사람의 곁에서 식사할 때는 배부르게 먹은 적이 없으셨다. 곡을 한 날에는 노래를 부르지 않으셨다.

공자께서는 상주(喪主) 곁에서 밥을 먹을 때는 배가 부르도록 먹지 않았고, 조문(弔問)한 날에는 노래를 부르지 않았습니다. 그것은 상주의 슬픔을 공감하고 배려하는 마음 때문이었습니다.

子張問仁於孔子 孔子曰 恭寬信敏惠
자장문인어공자 공자왈 공관신민혜

양화편 6장

자장이 인을 물었을 때 공자께서 말씀하셨다.
"인은 공손함, 관대함, 믿음직스러움, 민첩함, 은혜로움
이다."

인(仁)은 용서와 사랑을 의미하지만, 나서기를 좋아하는 제자 자장에게는 공손한 것, 너그러운 것, 믿음직스러운 것, 부지런한 것, 은혜로운 것을 인이라 하셨습니다. 공손하면 모욕당하지 않고, 너그러우면 대중의 지지를 얻고, 믿음직스러우면 사람들이 일을 맡기고, 민첩하면 공로가 있게 되고, 은혜로우면 다른 사람을 부릴 수 있기 때문입니다.

子溫而厲 威而不猛 恭而安
자온이려 위이불맹 공이안

술이편 37장

공자께서는 온화하면서도 엄숙하시고, 위엄이 있으면서도 사납지 않으시고, 공손하면서도 편안하셨다.

공자의 제자들이 기록한 스승의 모습입니다. 온화하면서도 엄숙한 모습, 도덕적 수양으로 만들어진 위엄스러움은 사납거나 잔인한 모습과는 거리가 먼 모습입니다. 공경과 공손한 모습이셨지만 늘 편안한 모습이셨습니다. 최고의 리더다운 리더들이 갖추어야 할 모습이 아닐까 합니다.

子曰 吾未見好德如好色者也
자왈 오미견호덕여호색자야

위령공편 12장

공자께서 말씀하셨다.
"나는 덕을 좋아하기를 색을 좋아하듯 하는 사람을 아직
보지 못하였다."

위나라 군주였던 영공이 아름다운 왕비에게 빠져 정사를 소홀히 하며 공자의 진언을 받아들이지 않자 공자께서 탄식하며 이른 말입니다. 많은 유혹이 있더라도 덕을 쌓기를 게을리하지 않아야 바른 길로 정진할 수 있습니다.

子之燕居 申申如也 夭夭如也
자지연거 신신여야 요요여야

술이편 4장

공자께서 한가로이 계실 때는 그 모습이 편안하셨고 편
안한 화기가 넘치셨다.

공무 없이 평소 집에 계실 때 공자께서는 느긋하고 편안하게 생활하셨으며, 활발하고 유쾌하게
보내셨습니다. 격변의 춘추시대, 단 하루도 평온한 날이 없었던 시절이었지만 일상에서만큼은
느긋하고 편안하게 평소의 시간을 보내셨습니다.

子曰 中庸之爲德也 其至矣乎 民鮮久矣
자왈 중용지위덕야 기지의호 민선구의

옹야편 27장

공자께서 말씀하셨다.
"중용의 덕은 지극한 것이다. 백성 중에 이를 지닌 이가
드물게 된 지 오래되었구나."

중용은 그냥 중간을 취하자는 의미가 아닙니다. 양쪽 의견이 다를 경우 양쪽의 의견을 중화시켜 양쪽 모두 그 옳은 일면을 취하게 하고, 동시에 그 옳지 않은 일면을 버리게 하는 것이 중용의 덕이라 할 수 있습니다. 또한 중용(中庸)의 중(中)은 시중(時中, 가장 적절한 시기), 적중(的中, 목표에 어김없이 맞음), 용(庸)은 '힘쓰다', '용쓰다'의 의미입니다. 중용은 적시에 정확히 목표를 정조준하여 최선의 노력을 다하는 것을 중용이라 할 수 있습니다. 그러니 중용은 말처럼 쉬운 일이 아닙니다.

子曰 述而不作 信而好古 竊比於我老彭
자왈 술이부작 신이호고 절비어아로팽

(술이편 1장)

공자께서 말씀하셨다.
"서술하되 창작하지 않았다. 옛것을 믿고 좋아하는 것을
노팽에 견주어본다."

공자께서는《시경》과《서경》을 정리했고,《주역》과《계사전》을 짓고 말년에《춘추》를 저술했는
데 이러한 일생의 작업을 두고 술이부작(述而不作)이라 하셨습니다. 단지 옛사람들의 문화를 믿
고 좋아했기에 고증을 거쳐 기술을 했을 뿐 새롭게 창작한 것은 아니라고, 겸허하게 말씀하셨습
니다.

子張問善人之道 子曰 不踐迹 亦不入於室
자장문선인지도 자왈 불천적 역불입어실

선진편 19장

자장이 선인(善人)의 길에 관하여 묻자 공자께서 말씀하셨다.
"선행을 하더라도 흔적을 남기지 말고, 선의 관념을 의도적으로 지키지 말라."

의도적으로 착한 행동을 하면서 남들이 알아봐 주기를 바라는 것은, 진정한 선행이 아닙니다. 선행을 하는데 티를 내고 남의 이목을 끄는 것에 신경을 쓴다면 그것 역시 흔적을 남기는 일이며 의도적으로 지키는 일에 해당합니다.

儀封人曰 二三子何患於喪乎 天下之無道也久矣
의봉인왈 이삼자하환어상호 천하지무도야구의
天將以夫子爲木鐸
천장이부자위목탁

팔일편 24장

의 지방의 국경 관원이 말했다.
"여러분은 어찌 상실을 걱정합니까. 천하가 무도하게 된
지 오래되었으니, 하늘이 장차 선생님을 목탁으로 삼으
려는 것입니다."

제후국 국경 관리인이 공자를 만나고 나와 기다리고 있던 제자들에게 이른 말입니다. 그는 공자
를 가리켜 무도한 세상에 경종을 울리는 목탁과 같은 사람이라 했습니다. 혼탁한 세상에 공자와
같은 목탁을 만났으니 제자들은 걱정할 것이 없다는 뜻입니다.

子曰 不學詩 無以言
자왈 불학시 무이언

계씨편 13장(1)

공자께서 말씀하셨다.
"시를 배우지 않으면 사람들과 말을 할 수가 없다."

공자의 제자가 공자의 아들에게 아버지로부터 어떤 특별한 교육을 받은 것이 있느냐고 물었습니다.
공자의 아들인 백어가 이렇게 대답했습니다. "특별한 가르침은 없습니다. 한번은 아버님께서 '시를
배우지 않으면 말을 할 수가 없다'라고 하셨기에 저는 물러나 시를 공부했습니다. 이게 다입니다."

子曰 女奚不曰 其爲人也 發憤忘食 樂以忘憂 不知老之將至云爾
자왈 여해불왈 기위인야 발분망식 락이망우 부지로지장지운이

술이편 18장

공자께서 말씀하셨다.
"너는 왜 말하지 않았느냐? 그는 사람됨이 학문에 발분하면 먹는 것도 잊고, 학문으로 얻음이 있으면 즐거움에 근심을 잊으며, 늙어가는 것조차 알지 못하는 사람이라고 말이다."

초나라 변방의 섭공이 자로에게 공자에 관해 물었을 때, 자로는 대답하지 않는데 뒤에 공자께서 말씀하셨다. "나는 학문을 하면 밥 먹는 것조차 잊고, 그 노력의 결과를 얻으면 즐거움에 근심까지 잊으며, 시간의 흐름도 느끼지 못하는 사람이다." 학문의 즐거움에 평생을 보냈던 공자의 모습입니다.

曰 學禮乎 對曰 未也 不學禮 無以立
왈 학례호 대왈 미야 불학례 무이립
鯉退而學禮 聞斯二者
리퇴이학례 문사이자

계씨편 13장(2)

"'예를 배웠느냐?'라고 하시더군요. '아직 안 배웠습니다'라고 대답했더니 '예를 배우지 않으면 설 수가 없다'라고 하셨습니다. 저는 물러나 예를 공부했습니다. 배운 것은 이 두 가지입니다."

공자의 자식 교육은 특별하지 않았습니다. 다른 제자들과 마찬가지로 교육하면서 그 어떤 특별한 비결도 사심도 없었습니다. "시를 공부하였는가?", "예를 공부하였는가?" 이 두 가지가 다였습니다.

子貢曰 夫子溫良恭儉讓以得之
자공왈 부자온량공검양이득지

학이편 10장

자공이 말했다.
"스승님께서는 온화하고 선량하고 공손하고 검소하고
겸양하는 덕이 있어 그것을 얻으셨다."

자공은 공자를 온량공검양(溫良恭儉讓)이란 다섯 글자를 들어 정의했습니다. 온화하고, 선량하고, 공손하고, 검소하고, 겸양의 덕을 갖추셨다고 말했습니다. 공자께서는 평화를 사랑하는 온화한 마음, 도덕적으로 선량한 마음, 사람을 공경하는 엄숙한 마음, 낭비하지 않는 검소한 습관, 사람들과 우호적인 겸양의 마음을 가지셨습니다.

陳亢退而喜曰
진항퇴이희왈
問一得三 聞詩 聞禮 又聞君子之遠其子也
문일득삼 문시 문례 우문군자지원기자야

계씨편 13장(3)

진항은 물러나와 기뻐하며 말했다.
"한 가지를 물었다가 세 가지를 터득하였다. 시에 관한 이야기를 들었고, 예에 관한 이야기를 들었고, 또 군자는 자기 아들을 멀리한다는 것도 들어서 알게 되었다."

시를 배워 해박한 지식을 얻고, 예를 배워 문화의 중요성을 알게 했습니다. 공자의 아들 교육은 다른 제자들의 교육과 마찬가지로 특별하지 않았습니다. 갖은 특권과 금권을 이용하여 자기 자식만큼은 특별하게 교육하는 일부 사회 지도층의 삐뚤어진 자식 교육 시각을 되돌아보게 합니다.

牢曰 子云 吾不試 故藝
뢰왈 자운 오불시 고예

자한편 7장

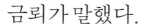

금뢰가 말했다.
"선생님께서는 '나는 등용되지 못했기에 여러 가지를 익혔다'라고 말씀하신 적이 있다."

공자께서는 부귀공명을 위해서가 아니라 자신의 수양을 위해 학문을 했기에 여러 가지를 익혔다고 말씀하신 적이 있습니다. 공부의 목적이 출세와 성공에 있는 경우가 대다수지만 공부의 목적이 자기 자신의 행복과 즐거움인 경우도 있습니다. 출세와 성공이 목표라면 그 끝이 한정적이지만 행복과 즐거움이 목표라면 그 끝은 한계가 없습니다.

子曰 好勇疾貧 亂也 人而不仁 疾之已甚 亂也
자왈 호용질빈 난야 인이불인 질지이심 난야

태백편 10장

공자께서 말씀하셨다.
"사람들이 용맹스러움을 좋아하면서 가난을 싫어하면 사회는 어지러워진다. 사람이 어질지 못하다고 심하게 미워하면 사회는 어지러워진다."

가난하고 춥고 배고프면 삐뚤어진 마음이 생기게 됩니다. 서로 생각하는 마음이 없어지고 자기만 챙기기 시작하면 이기심은 점점 커지고 포용력은 떨어지게 됩니다. 우리 사회에 교육이 절대적으로 필요한 이유입니다.

子曰 我非生而知之者 好古 敏以求之者也
자왈 아비생이지지자 호고 민이구지자야

(술이편 19장)

공자께서 말씀하셨다.
"나는 나면서부터 아는 사람이 아니다. 옛것을 좋아해서
부지런히 그것을 구한 사람이다."

"나는 천재가 아니라 부지런하고 민첩하게 배워서 알게 된 사람이다." 공자의 이 말씀은 많은 사람에게 던지는 희망의 메시지입니다. 천재만 성공하는 세상이라면 희망 없는 세상이지만, 천재가 아닌 사람이 노력으로 최고의 현인이 되는 세상이 희망적인 세상입니다.

子曰 君子義以爲上 君子有勇而無義 爲亂
자왈 군자의이위상 군자유용이무의 위란
小人有勇而無義 爲盜
소인유용이무의 위도

양화편 23장

공자께서 말씀하셨다.
"군자는 의로움을 최고로 여긴다. 군자는 용기만 있고 의로움이 없으면 난을 일으키고, 소인은 용기만 있고 의로움이 없으면 도둑질을 한다."

리더나 보통 사람이나 의(義)를 중하게 여겨야 합니다. 리더에게 용기만 있고 정의가 없다면 온갖 술수를 써서라도 난을 일으키기가 쉽고, 보통 사람에게 용기만 있고 정의가 없으면 나쁜 일을 저지르기가 쉽기 때문입니다.

12月

1

子曰 吾少也賤 故多能鄙事
자왈 오소야천 고다능비사

자한편 5장

공자께서 말씀하셨다.
"내는 어려서 빈천했기 때문에 천한 일에 능하게 된 것이
다."

태재가 자공에게 "공자께서는 정말 성인이신가요? 어찌 그렇게도 다재다능하신가요?"라고 물었을 때 자공이 대답했습니다. "맞습니다. 우리 스승 공자께서는 하늘이 내산 성인이신지라 그렇게 다재다능하신 것입니다." 나중에 공자께서 이 이야기를 듣고 나서 이렇게 말씀하셨습니다. "내는 어려서 빈천했기 때문에 비천한 일에 능하게 된 것이다."

孔子曰 益者三樂 樂節禮樂 樂道人之善 樂多賢友 益矣
공자왈 익자삼요 요절예악 요도인지선 요다현우 익의

계씨편 5장(1)

공자께서 말씀하셨다.
"세 가지의 유익한 즐거움이 있다. 예악으로 절제하기를 즐기는 것, 다른 사람의 장점 말하기를 즐기는 것, 현명한 벗을 많이 사귀기를 좋아하는 것은 유익한 일이다."

맺고 끊음을 분명하게 하는 것은 결국 서로에게 유익한 일이 됩니다. 말이 사람을 만들 듯 긍정의 말은 더 좋은 관계와 미래를 만들어 줍니다. 현명한 친구를 만들고 유지하기 위해서는 먼저 내가 현명해지려는 노력이 바탕이 되어야 합니다.

12月

공자

공자께서는 스스로에 대해 나면서부터 아는 사람이 아니라,
부지런하게 배우고 구해 알게 된 사람이라 했습니다.
노력만으로 현인에 이를 수 있다는 희망의 메시지입니다.

2月

변화

사람은 누구나 잘못을 저지르는 존재입니다.
하지만 잘못을 고치려 노력하는 존재이기도 하기에
희망이 있는 것입니다.
잘못이 없는 사람이 아니라,
잘못을 고치려 노력하는 사람만이 변화를 맞이할 수 있습니다.

子曰 苟有用我者 朞月而已可也 三年有成
자왈 구유용아자 기월이이가야 삼년유성

자로편 10장

공자께서 말씀하셨다.
"진실로 나를 등용해주는 군주가 있다면, 1년이 지나면 그런대로 괜찮아질 것이고 3년이 지나면 성과가 있을 것이다."

공자는 정치를 하고 싶어 했습니다. 하지만 50이 가까워지도록 정치를 할 기회를 얻지 못했습니다. 공자는 자신이 있었습니다. 1년이면 어느 정도 변화를 끌어낼 수 있으며 3년 정도면 뚜렷한 정치적인 성과를 낼 수 있다고 장담했습니다. 지천명이 되자 드디어 그 기회를 잡았지만 50대 중반 노나라를 떠나야만 하는 운명에 처하게 되어 정치가로서의 공자의 꿈은 미완에 그치고 말았습니다.

子曰 君子不器
자왈 군자불기

위정편 12장

공자께서 말씀하셨다.
"군자는 그릇이 아니다."

리더는 그 쓰임새가 한정된 그릇과 같은 존재가 아닙니다. 변화하고 발전하려 노력하는 사람이
군자고 리더입니다. 3년 전이나 1년 전이나 비슷하다면 그를 리더로 부르기엔 무리가 있습니다.
그 어떤 변화의 노력이 없다면 그는 리더가 아닙니다. 학습과 변화를 통해 발전해나가는 사람이
바로 리더입니다.

曾子曰 君子所貴乎道者三 動容貌 斯遠暴慢矣
증자왈 군자소귀호도자삼 동용모 사원포만의
正顔色 斯近信矣 出辭氣 斯遠鄙倍矣
정안색 사근신의 출사기 사원비배의

태백편 4장

증자가 말했다.

"군자가 귀하게 여겨야 할 인생의 도가 세 가지가 있는데, 몸가짐에는 난폭함과 거만하지 말 것, 얼굴빛을 바르게 하여 신의에 가까울 것, 말을 할 때는 천박함을 멀리하고 도리에 어긋나지 않게 해야 한다."

증자가 병이 들자 맹경자가 문병을 왔을 때 증자가 말했습니다. "군자가 귀하게 여겨야 할 인생의 세 가지 도리가 있습니다. 내 죽기 전에 하는 말이니 잘 들어보시오. 군자의 몸가짐에는 난폭함과 거만함이 없어야 하오. 군자는 늘 그 얼굴빛을 바르게 하여 신뢰를 주어야 하오. 군자가 말을 할 때는 천박함을 멀리하고 늘 도리에 합당한 언사를 해야 하오." 리더는 거만하지 말아야 하며, 믿음직해야 하며, 품위 있게 말해야 합니다.

2月

2

子曰 過而不改 是謂過矣
자왈 과이불개 시위과의

위령공편 29장

공자께서 말씀하셨다.
"잘못하고도 고치지 않는 것, 이것을 잘못이라 한다."

사람은 누구나 잘못을 저지르는 존재입니다. 하지만 잘못을 고치려 노력하는 존재이기도 합니다. 그래서 희망이 있습니다. 잘못이 없는 사람이 아니라, 잘못을 고치려 노력하는 그 사람이 리더입니다.

子曰 自行束脩以上 吾未嘗無誨焉
자왈 자행속수이상 오미상무회언

술이편 7장

공자께서 말씀하셨다.
"자기를 반성하고 단속하면서 보다 나은 배움으로 나가고
자 하는 자라면 내 일찍이 가르쳐 주지 않은 적이 없었다."

스스로 자기를 반성하고 단속하면서, 더 나은 배움의 길을 원했던 사람이라면 공자께서는 그를
학생으로 받지 않은 적이 없다고 말했습니다. 그러니 공자의 학생에는 고위 관료의 자재로부터
천민의 자식까지 부귀빈천을 막론하고 다양했습니다.

子曰 以約失之者 鮮矣
자왈 이약실지자 선의

이인편 23장

공자께서 말씀하셨다.
"자기를 단속함으로써 실수하는 자는 드물다."

약(約)은 단속, 조심, 주의, 신중의 뜻입니다. 절제, 절약과 같은 뜻이기도 합니다. 스스로 조심하고 주의하며, 신중하게 행동하는 사람은 실수가 적습니다. 절제와 절약하는 생활로 잘못되는 경우는 드뭅니다.

廐焚 子退朝 曰 傷人乎 不問馬
구분 자퇴조 왈 상인호 불문마

향당편 12장

마구간에 불이 났다. 공자께서 조정에서 물러 나와 말씀
하셨다.
"사람이 다쳤느냐?"
말은 묻지 않으셨다.

어느 날 공자의 마구간에 불이 났습니다. 공자는 사람이 다치지 않았는지를 물었지 말에 대해서
는 묻지 않았습니다. 당시 말이 필수적 이동 수단이고 없어서는 안 될 가축이었지만 사람보다 중
요하지는 않다는 것을 말하고 있습니다. 작은 접촉사고에도 사람보다는 자동차 찌그러짐에 더
가슴 아파하는 요즘 세태를 되돌아보게 합니다.

子曰 觚不觚 觚哉 觚哉
자왈 고불고 고재 고재

옹야편 23장

공자께서 말씀하셨다.
"고가 고가 아니면 고이겠는가, 고이겠는가."

고(觚)는 절주를 위해 사각으로 만든 고대 주나라 술잔을 말합니다. 절주를 위해 각지게 만든 술 잔에 각이 없다면, 그게 어디 절주를 위한 술잔이겠는가. 술잔의 테두리를 둥글게 만들어 사용 하면서 이름만 고라고 하면 그게 어디 고이겠는가, 고이겠는가. 원칙을 세워놓고도 원칙을 지키 지 않는다면 그게 무슨 원칙이겠는가. 권력자와 부자들에게는 적용되지 않는 법이 있다면 그게 법이겠는가, 법이겠는가.

柴也愚 參也魯 師也辟 由也喭
시야우 참야로 사야벽 유야언

선진편 17장

시는 우직하고, 삼은 미련하고, 사는 극단적이고, 유는 거칠다.

공자께서 네 명의 제자를 평가하신 대목입니다. 시(자고)는 거동이 좀 느리고 둔했습니다. 삼(증삼)은 노둔했지만 곧고, 곧으면서도 느렸습니다. 사(자장)은 고집이 세고 개성이 강했습니다. 유(자로)는 거칠지만 호탕했습니다.

子曰 不曰如之何如之何者 吾末如之何也已矣
자왈 불왈여지하여지하자 오말여지하야이의

위령공편 15장

공자께서 말씀하셨다.
"'어찌해야 할까? 어찌해야 할까?'라고 말하지 않는 사람은 나도 이미 어찌할 수가 없구나."

좋은 직장, 나쁜 직장이 따로 있는 것이 아니라, 그 안에서 어떻게 일하느냐가 더 중요합니다.
"어찌해야 할까? 어찌해야 할까?"라고 스스로 궁리하지 않는 사람은 아무리 좋은 직장을 다닌다 해도 좋은 결과를 얻기가 어렵습니다.

25

11月

子曰 師也過 商也不及 曰 然則師愈與 子曰 過猶不及
자왈 사야과 상야불급 왈 연즉사유여 자왈 과유불급

선진편 15장

공자께서 "사는 지나치고 상은 조금 못 미친다"라고 하셨다. "그러면 사가 낫습니까?"라고 하자 "지나친 것은 못 미치는 것과 같다"라고 하셨다.

사람 평가하기를 좋아하는 자공이 공자에게 물었습니다. "선생님, 자장(사)과 자하(상) 중에서 누가 더 현명합니까?" 공자께서 대답하셨습니다. "자장은 좀 지나치고, 자하는 미치지 못한다." 자공이 다시 물었습니다. "그러면 자장이 더 낫습니까?" 공자께서 말씀하셨습니다. "지나친 것은 미치는 못하는 것과 같다." 지나친 것이나 부족한 것이나 마찬가지입니다. 지나친 관심이나 부족한 관심이나 아이를 망치기는 마찬가지입니다. 많이 먹거나 적게 먹거나 몸을 해치기는 마찬가지입니다. 지나친 관심이나 부족한 관심이나 사람을 피곤하고 힘들게 하는 것은 마찬가지입니다.

6

2月

子曰 年四十而見惡焉 其終也已
자왈 연사십이견오언 기종야이

(양화편 26장)

공자께서 말씀하셨다.
"나이 사십이 되어서도 남에게 미움을 받는다면 그는 이미 끝난 것이다."

나이 마흔이 되도록 다른 사람들로부터 미움받을 짓을 계속하고 있다면 이는 고질병이 될 수 있습니다. 인생 전반을 마치고 인생 후반전을 준비하는 하프타임엔 특히 자신을 꼼꼼하게 되돌아보아야 합니다. 《논어》에서는 다음의 일곱 가지 미움을 지적합니다.

子曰 赤也 束帶立於朝 可使與賓客言也 不知其仁也
자왈 적야 속대립어조 가사여빈객언야 부지기인야

공야장편 7장(3)

공자께서 말씀하셨다.
"공서화는 관대를 하고 조정에 서서 외국 사신과 회담하게 할 수는 있겠지만 그가 인한지는 모르겠습니다."

노나라 대부 맹무백이 공서화는 인(仁)한 사람인가를 물었습니다. 공자께서 대답했습니다. "그가 인(仁)한지는 잘 모르겠지만, 공서화는 외교가로서는 탁월한 자격은 갖춘 제자입니다." 그가 외교적인 수행 능력은 갖추었지만, 인의 경지는 아직 좀 부족하다는 공자의 평가였습니다.

子曰 惡稱人之惡者
자왈 오칭인지악자

양화편 24장(1)

공자께서 말씀하셨다.
"다른 사람의 나쁜 점을 말하는 사람을 미워한다."

군자가 미워하는 그 첫 번째 부류는 입만 열었다 하면 다른 사람의 단점만을 꼬집어 말하는 사람입니다. 헐뜯는 말을 주로 하는 사람입니다. 다른 사람의 부정적인 면에만 집중하는 태도를 가진 사람입니다. 마흔 이전에 이를 고치지 못하면 그 인생은 이미 끝난 것이나 다름없다고 경고합니다.

子曰 朽木不可雕也 糞土之牆不可杇也
자왈 후목불가조야 분토지장불가오야

공야장편 9장

공자께서 말씀하셨다.
"썩은 나무는 조각할 수 없고 썩은 흙으로 쌓은 담장에는
흙손질을 할 수 없다."

말 잘하는 제자였던 재여(宰予)가 낮잠을 잤을 때 공자께서 말씀하셨습니다. "썩은 나무로는 조각을 할 수가 없고 더러운 흙으로 쌓은 담은 흙손질을 할 수 없는 법이니 내가 재여를 꾸짖어봐야 무슨 소용이 있겠는가." 그리고 한 마디를 더하셨습니다. "처음에 나는 사람을 볼 때 그 말을 듣고 그 행실도 그러리라 믿었는데, 이제 나는 사람을 볼 때 그 말을 듣고 그 행실까지 살펴보게 되었다. 재여로 인해 과거의 태도를 바꾸게 된 것이다."

子曰 惡居下流而訕上者
자왈 오거하류이산상자

양화편 24장(2)

공자께서 말씀하셨다.
"밑에 있으면서 윗사람을 비방하는 사람을 미워한다."

군자가 미워하는 두 번째 부류는 낮은 자리에 있으면서 윗사람을 비방하는 사람입니다. 잘 되면 내 탓이오, 안 되면 윗사람을 탓하는 사람입니다. 마흔 이전에 이를 고치지 못하면 그 인생은 이미 끝난 것이나 다름없다고 경고합니다.

魯人爲長府 閔子騫曰 仍舊貫如之何 何必改作
노인위장부 민자건왈 잉구관여지하 하필개작
子曰 夫人不言 言必有中
자왈 부인불언 언필유중

선진편 13장

노나라 어떤 사람이 장부가 되었다. 민자건이 "옛것을 그대로 두면 어떤가? 고칠 필요가 어디 있겠는가?"라고 했다. 공자께서 말씀하셨다.
"이 사람은 말을 별로 안 하지만, 했다 하면 핵심에 꼭 맞는다."

노나라 어떤 사람이 재정을 관장하는 장부(長府)가 되어 어떤 제도를 바꾸려 하자, 공자의 제자인 민자건이 "무릇 제도란 가볍게 고쳐서는 안 됩니다. 그 어떤 제도도 한 번에 완벽하게 되는 경우가 없습니다. 옛것을 그대로 두면서 좀 더 연구하여 바꿔야지, 하필 지금 갑자기 고칠 필요가 어디 있습니까?" 말을 했는데 이를 듣고 공자께서 "민자건은 말을 별로 안 하지만 했다 하면 핵심에 꼭 맞는다"라고 칭찬하셨습니다.

子曰 惡勇而無禮者
자왈 오용이무례자

양화편 24장(3)

공자께서 말씀하셨다.
"용감하지만, 예의 없는 사람을 미워한다."

군자가 미워하는 세 번째 부류는 용감하지만, 예의 없는 사람입니다. 자신의 이권에는 맹렬하게
대처하면서 사람과 일을 대하는 기본적인 예의조차 차릴 줄 모르는 사람입니다. 마흔 이전에 이를
고치지 못하면 그 인생은 이미 끝난 것이나 다름없다고 경고합니다.

季氏使閔子騫爲費宰 閔子騫曰 善爲我辭焉
계씨사민자건위비재 민자건왈 선위아사언
如有復我者 則吾必在汶上矣
여유복아자 즉오필재문상의

옹야편 7장

민자건이 말했다.
"나를 위하여 잘 말해 주게. 만일 나를 다시 찾아온다면
나는 반드시 여길 떠나 제나라 문수가에 있을 것이네."

노나라 대부 계씨가 공자의 제자인 민자건을 비읍의 읍재로 삼으려 사신을 보내자 민자건이 그 사신에게 말했습니다. "나는 그 제안에 응할 수가 없습니다. 그러니 제발 나를 위해서라도 사양한다고 잘 말해 주시오. 나를 다시 찾아온다면 나는 이미 이 나라를 떠나 제나라로 가 있을 것이오." 민자건은 효자로 이름을 날렸고 덕이 높은 제자로서 노나라 정치를 농락하고 있는 계씨 가문에서 일하고 싶어 하지 않았습니다.

子曰 惡果敢而窒者
자왈 오과감이질자

양화편 24장(4)

공자께서 말씀하셨다.
"과감하기만 하고 융통성이 없는 사람을 미워한다."

군자가 미워하는 네 번째 부류는 과감하지만, 융통성 없는 사람입니다. 한번 결정하면 그 어떤 의견이나 제언을 들으려 하지 않는 사람입니다. 융통성 없는 리더가 과감하기만 하면 더욱 큰 문제입니다. 마흔 이전에 이를 고치지 못하면 그 인생은 이미 끝난 것이나 다름없다고 경고합니다.

季氏富於周公而求也爲之聚斂而附益之
계씨부어주공이구야위지취렴이부익지
子曰 非吾徒也 小子鳴鼓而攻之可也
자왈 비오도야 소자명고이공지가야

선진편 16장

계씨는 주공보다 부유했는데도 구가 그를 위하여 세금을 많이 거두어들여 거기다 더 보태주었다. 이에 공자께서 말씀하셨다.
"그는 내 제자가 아니다. 너희들은 북을 울려가며 그를 공격해도 좋다."

계씨 식읍의 고위 관리로써 계씨의 부의 축적을 위해 자신의 재능을 쓰고 있었습니다. 이에 인의를 저버린 염구에게 공자의 꾸짖음은 단호했습니다. 이는 염구를 개선케 하려는 의도이기도 했습니다.

子貢曰 惡徼以爲知者
자공왈 오요이위지자

양화편 24장(5)

자공이 말했다.
"자기의 편견을 내세우며 자신이 지혜롭다고 여기는 사람을 미워합니다."

공자의 제자였던 자공도 미워하는 세 부류의 사람이 있었습니다. 그 첫 번째는 자기의 편견을 내세우며 자신이 지혜롭다고 여기는 사람입니다. 자기주장이나 이론이 맞다 강변하면서 자신만큼 지혜로운 사람이 없음을 은근히 자랑하는 사람입니다. 공자는 마흔 이전에 이를 고치지 못하면 그 인생은 이미 끝난 것이나 다름없다고 경고합니다.

11月 — **19**

子曰 求也 千室之邑 百乘之家 可使爲之宰也 不知其仁也
자왈 구야 천실지읍 백승지가 가사위지재야 부지기인야

(공야장편 7장(2))

공자께서 말씀하셨다.
"염구는 천여 가구 정도의 큰 고을이나 경대부 집안에서 읍재나 가신이 되게 할 수는 있겠지만 그가 인한지는 모르겠습니다."

노나라 대부인 맹무백이 공자에게 염구에 관해 물었을 때 행정가로서 지방의 고위 관리 정도는 맡을 수 있지만, 인의 경지는 아직 좀 부족하다는 공자의 평가였습니다.

子貢曰 惡不孫以爲勇者
자공왈 오불손이위용자

양화편 24장(6)

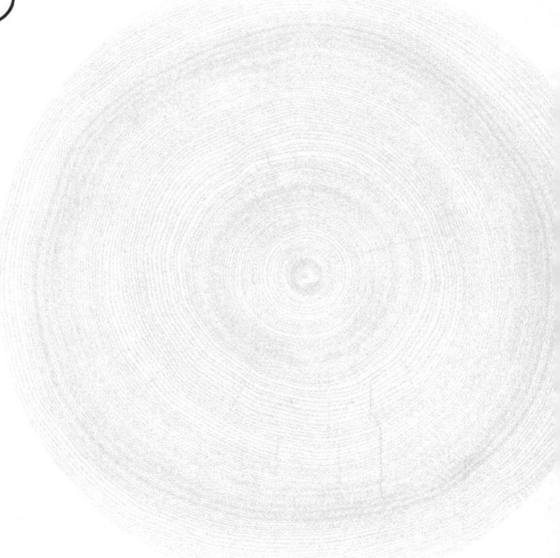

자공이 말했다.
"공손하지 못한 것을 용맹스럽다고 여기는 사람을 미워
합니다."

자공이 미워하는 두 번째 부류는 예의 없고 무식하며 상스럽게 행동하는 것을 가지고 용기 있는 것으로 생각하면서 처신하는 사람입니다. 이것만큼 답답한 사람도 없습니다. 공자는 마흔 이전에 이를 고치지 못하면 그 인생은 이미 끝난 것이나 다름없다고 경고합니다.

11月 ——————————— 18

子曰 片言可以折獄者 其由也與 子路無宿諾
자왈 편언가이절옥자 기유야여 자로무숙낙

안연편 12장

공자께서 말씀하셨다.
"한마디로 송사를 판결할 수 있는 사람은 아마도 유이리라!"
자로는 승낙을 하고 나서 이행을 하지 않은 채 하루를 묵히는 법이 없었다.

자로는 의협심이 강한 제자였으며, 결단력과 실행력을 갖춘 용장이었습니다. 임기응변으로 사건을 해결하는 방식이 아닌, 진심 어린 실천력과 과감한 결단력을 겸비했기에 주변 인물들로부터 두터운 신임을 받았습니다.

子貢曰 惡訐以爲直者
자공왈 오알이위직자

양화편 24장(7)

자공이 말했다.
"혹독하고 야박한 말로 남을 공격하면서 자신은 곧은 사람이라 여기는 사람을 미워합니다."

자공이 미워하는 세 번째 부류는 남의 결점을 들추어내는 것을 가지고 자신은 곧은 사람, 혹독하고 야박한 말로 다른 사람을 공격하면서 자신은 올곧은 사람이라 여기는 사람입니다. 공자는 마흔 이전에 이를 고치지 못하면 그 인생은 이미 끝난 것이나 다름없다고 경고합니다.

子曰 暴虎馮河 死而無悔者 吾不與也
자왈 포호빙하 사이무회자 오불여야
必也臨事而懼 好謀而成者也
필야림사이구 호모이성자야

술이편 10장(2)

공자께서 말씀하셨다.
"미친 호랑이처럼 맨몸으로 황하를 건너려다가 죽어도 뉘우침이 없는 자와는 함께하지 않겠다. 반드시 일에 임함에 두려워하고, 지혜롭게 계획하고 도모하여 성취하는 자와 함께할 것이다."

자로가 공자에게 물었습니다. "만약 스승님께서 나라의 군대를 통솔하신다면 누구와 함께하시겠습니까?" 공자의 제자 중에는 자신이 가장 용맹하다고 믿었지만, 공자의 대답은 의외였습니다. "미친 호랑이처럼 맨몸으로 황하를 건너려다가 죽어도 뉘우침이 없는 자와는 함께하지 않겠다. 반드시 일에 임함에 두려워하고, 지혜롭게 계획하고 도모하여 성취하는 자와 함께할 것이다."

子夏曰 小人之過也必文
자하왈 소인지과야필문

(자장편 8장)

자하가 말했다.
"소인은 잘못을 저지르면 반드시 그럴듯하게 꾸며댄다."

자신의 잘못을 인정하기는커녕 과오를 덮고 한 발 더 나가 꾸며대기 시작한다면 그는 이미 리더이기를 포기한 사람입니다. 누구나 자신의 잘못을 감추고 싶어 하는 마음이 크지만, 리더라면 자신의 잘못을 인정할 줄 알아야 합니다.

子曰 由也 千乘之國 可使治其賦也 不知其仁也.
자왈 유야 천승지국 가사치기부야 부지기인야

공야장편 7장(1)

공자께서 말씀하셨다.
"유는 제후국에서 군정을 맡아 다스릴 수는 있겠지만 그가 인한지는 모르겠습니다."

노나라 대부인 맹무백이 공자에게 자로는 인(仁)한 사람인가를 물었습니다. 공자께서는 자로에 관해 이렇게 대답했습니다. "자로가 인(仁)한지는 잘 모르겠지만, 자로는 제후국의 군사를 다스릴만한 용장으로서 자격은 충분히 갖춘 제자입니다." 인격적인 수양이 안회 만큼은 아니지만 장수로서의 품격은 충분하다고 평가했습니다.

子貢曰 君子之過也 如日月之食焉
자공왈 군자지과야 여일월지식언
過也 人皆見之 更也 人皆仰之
과야 인개견지 경야 인개앙지

자장편 21장

자공이 말했다.
"군자의 잘못은 일식이나 월식과 같아서 잘못을 범하면 모든 사람이 보게 되고, 고치면 모든 사람이 우러러보게 된다."

리더의 잘못된 언행은 사소한 것이라 할지라도 사람들의 눈에는 분명하게 보이기 때문에 더 유의해야 합니다. 두루뭉술하게 넘어가면 더 심각한 일이 벌어지지만, 잘못을 인정하고 신속히 고치면서 진정성을 보여준다면 그를 따르는 사람들의 마음을 다시 한번 살 수 있을 것입니다.

子曰 由也 好勇過我 無所取材
자왈 유야 호용과아 무소취재

공야장편 6장

공자께서 말씀하셨다.
"유는 용맹을 좋아하는 것이 나보다 낫지만, 사리를 헤아려 의에 맞게는 못하는구나."

제자 자로에 관한 일화입니다. 세상이 혼탁하여 통나무배를 타고 바다를 건너간다면 나를 따를 자는 용감한 자로(由, 유)일 것이라는 공자의 말을 듣고, 자로는 매우 기뻐했습니다만 공자께서는 자로에게 한마디를 더 했습니다. "유는 용맹을 좋아하는 것이 나보다 낫지만, 사리에 맞게 처리하는 것은 좀 부족하구나." 거칠고 급한 성격의 제자에게 던지는 충고였지만, 자로는 공자의 가장 충직한 제자였습니다.

子曰 無友不如己者 過則勿憚改
자왈 무우불여기자 과즉물탄개

학이편 8장(2)

공자께서 말씀하셨다.
"자기보다 못한 벗은 없으니, 잘못했으면 고치기를 꺼리지 말아야 한다."

사람은 사람을 통해서 배우는 존재입니다. 얼핏 나보다 못해 보이는 벗에게서도 사실 많은 것을 배우게 됩니다. 또한 사람은 실수를 통해서 배우는 존재이기도 합니다. 그러니 잘못했으면 그것을 고치는 것을 꺼리지 말아야 합니다.

子貢曰 他人之賢者 丘陵也 猶可踰也
자공왈 타인지현자 구릉야 유가유야
仲尼 日月也 無得而踰焉
중니 일월야 무득이유언

자장편 24장

자공이 말했다.
"다른 사람의 현명함은 구릉과 같아서 오히려 넘어갈 수
있지만 중니는 해와 달과 같아서 넘어갈 수가 없습니다."

공자를 깎아내리려는 조정 대부들에게 자공은 또 다른 비유를 들었습니다. "다른 사람의 현명함
은 구릉인지라 그래도 넘어갈 수 있지만, 공자께서는 해와 달과 같은 분이라 그를 넘어갈 수가
없습니다. 사람들이 비록 스스로 일월과 관계를 끊으려고 할지라도 그것이 어찌 일월에 손상을
끼치겠습니까? 다만 그 사람이 자신을 모른다는 사실을 더욱 잘 드러낼 뿐입니다. 그러니 그 누
구도 공자를 헐뜯을 수 없습니다."

子貢欲去告朔之餼羊 子曰 賜也 爾愛其羊 我愛其禮
자공욕거곡삭지희양 자왈 사야 이애기양 아애기례

팔일편 17장

자공이 매달 초하루 의식에 희생으로 쓰는 양(羊)을 없애고자 하였는데, 공자께서 말씀하셨다.
"사야, 너는 그 양이 아까우냐? 나는 그 예가 아깝구나."

국가의 중요 행사에 정신이 중요하지, 매번 양을 잡아 바칠 필요가 없다는 자공의 제안에 공자는 좀 다르게 생각했습니다. 경제적으로 보면 매번 양을 잡지 않는 것이 절약하는 것이 되겠지만, 당시 사람들은 행사에 진정으로 정성을 다하지 않기에 상징적으로 양이라도 잡아 올려야 그 정신이 그나마 유지되기에 그렇게 했던 것입니다. 좋은 전통을 이어나가기가 쉬운 일이 아닌 것 같습니다.

子貢曰 夫子之牆數仞 不得其門而入 不見宗廟之美 百官之富
자공왈 부자지장수인 부득기문이입 불견종묘지미 백관지부

자장편 23장

자공이 말했다.
"스승님의 담장 높이는 사람의 몇 길이나 되어서 문을 찾아 들어가지 않으면 종묘의 아름다움과 백관의 풍성함을 볼 수 없습니다."

공자가 죽은 지 시간이 꽤 지나자 조정 대부들은 자공이 공자보다 더 훌륭하다고 말했습니다. 이에 자공이 이렇게 말했습니다. "집의 담장에다 비유하자면 저의 담은 어깨까지 닿아서 집 안을 훤히 볼 수 있지만, 우리 선생님의 담은 몇 길이나 되어서 문을 찾아서 들어가지 않으면 그 내부에 무엇이 있는지를 알 길이 없습니다. 그러니 그 문을 찾은 사람이 아마 얼마 안 되었을 것이니 그렇게 말씀하시는 게 아니겠습니까?" 공자의 학문과 도덕은 높고 깊어서 겉으로 잘 드러나지 않는다는 의미입니다.

子曰 焉用佞 禦人以口給 屢憎於人 不知其仁 焉用佞
자왈 언용녕 어인이구급 루증어인 부지기인 언용녕

공야장편 4장

공자께서 말씀하셨다.

"말재주를 어디에다 쓰겠느냐. 말재주가 있는 사람은 언변으로 사람을 상대하다가 자주 사람들에게 미움을 사니, 그가 인한지는 잘 모르겠지만, 말재주를 어디에다 쓰겠느냐."

공자의 제자 염옹을 두고 어떤 사람이 염옹은 인(仁)하기는 하지만 말재주가 없다고 하자 공자께서 이른 말씀입니다. 말 많은 사람은 그 말로 피해를 보는 경우가 많습니다. 그가 어진 사람이면 더 좋겠지만 말재주가 없음은 하등의 문제가 되지 않음을 말하고 있습니다.

子曰 女器也 瑚璉也
자왈 여기야 호련야

공야장편 3장

공자께서 말씀하셨다.
"너는 그릇이야, 종묘에서 쓰는 그릇이지."

"군자는 그 쓰임이 한정된 그릇과 같은 사람이 아니다"라고 공자는 말씀하셨지만, 자공에게는 호련(종묘 제사 때 쓰이는 귀중한 제기그릇)이라 했습니다. 언어와 외교, 상업 분야에 뛰어난 자질을 보였던 자공에게 '호련'이라 했던 이유는, 뛰어난 덕을 가진 안회와 같은 제자는 아니지만, 자공은 한 분야에 뛰어난 자질과 역량을 가진 제자였기 때문이었습니다.

子曰 吾見其居於位也 見其與先生幷行也
자왈 오견기거어위야 견기여선생병행야
非求益者也 欲速成者也
비구익자야 욕속성자야

(헌문편 47장)

공자께서 말씀하셨다.
"내가 보니 저 아이는 어른들 자리에 버젓이 앉고, 또 연장자들과 나란히 걸어 다니니, 배우기를 추구하기보다 빨리 성공하고자 하는 자인 것 같다."

사람 사는 세상엔 예나 지금이나 이런 부류의 사람들이 있습니다. 빨리 성공하고자 하는 마음이 갈급하여 체계적으로 배우기보다는 윗사람에게 얼굴도장 찍는 데만 열을 올리는 사람들입니다. 젊어서 고생은 돈 주고도 한다는 말이 있습니다. 좌절과 시련을 겪고 일어나는 사람만이 오랫동안 그 명성을 유지할 수 있습니다.

顔淵死 子曰 噫 天喪予 天喪予
안연사 자왈 희 천상여 천상여

선진편 8장

안연이 죽자 공자께서 말씀하셨다.
"아! 하늘이 나를 망치는구나! 하늘이 나를 망치는구나!"

안회가 죽자 공자가 몹시 비통해했습니다. 주변 사람이 너무 슬퍼하시는 것 같다고 말을 하자 공자께서는 "내가 이 사람을 애통해하지 않는다면 그 누구를 애통해하겠느냐? 아! 하늘이 나를 망치는구나! 하늘이 나를 버리는구나!"라고 하늘을 원망했습니다. 안회와 같은 인재를 다시 얻기 어려웠기 때문이었습니다.

子曰 蓋有不知而作之者 我無是也 多聞
자왈 개유부지이작지자 아무시야 다문
擇其善者而從之 多見而識之 知之次也
택기선자이종지 다견이지지 지지차야

(술이편 27장)

공자께서 말씀하셨다.

"대체로 잘 알지도 못하면서 지어내는 사람이 있으나 나는 이런 일이 없다. 많이 듣고 그중에 좋은 것을 가려 따르고, 많이 보고 그것들을 기억해둔다면, 태어날 때부터 아는 것의 다음가는 일이다."

선천적인 천재급의 인재가 아니라면 많이 듣고, 많이 경험하고, 많이 배우는 것이 그만한 인재가 되는 길이라는 말입니다. 공자는 나면서부터 아는 사람이 아니라 부지런히 그것을 구한 사람이라 했습니다. 늘 학습을 통해 발전해나가는 사람이라 했습니다.

子曰 回也其庶乎 屢空 賜不受命而貨殖焉 億則屢中
자왈 회야기서호 루공 사불수명이화식언 억즉루중

선진편 18장

공자께서 말씀하셨다.
"회는 도에 가까웠지만 쌀통이 자주 비었고, 사는 가르침을 그대로 받아들이지 않고 장사를 하여 돈을 벌었는데 그가 예측은 대체로 적중했다."

안연과 자공에 대한 공자의 평가입니다. 안회는 학문과 도덕 수준이 거의 최고 수준에 이르렀지만 가난함을 벗어나지 못했고, 자공은 학문과 도덕 수준의 향상보다는 장사에 집중하여 노나라 최고의 부를 이루었습니다.

子曰 若聖與仁 則吾豈敢 抑爲之不厭
자왈 약성여인 즉오기감 억위지불염
誨人不倦 則可謂云爾已矣
회인불권 즉가위운이이의

술이편 33장

공자께서 말씀하셨다.
"성인과 인자의 경지에야 내 어찌 감히 이를 수 있겠는가? 그렇지만 배우기를 싫어하지 않고, 가르치기를 게을리하지 않는 점에 있어서는 그렇다고 할 수도 있을 것이다."

공자께서 위와 같이 말씀하시자 제자였던 공서화는 이렇게 말했습니다. "바로 그것이 저희 제자들이 배워서 따를 수 없는 점입니다." 배우기를 게을리하지 않고, 그것을 다른 사람에게 전하는 것이야말로 끊임없는 노력이 필요한 일임을 느끼게 합니다.

子謂顔淵曰 惜乎 吾見其進也 未見其止也
자위안연왈 석호 오견기진야 미견기지야

자한편 21장

공자께서 안연에 관해 말씀하셨다.
"애석하구나, 나는 그가 전진하는 것만 보았지, 멈추는 것은 보지 못했다."

안연이 죽은 후 공자께서 다른 제자들에게 말씀하셨습니다. "그의 죽음이 정말 애석하구나, 나는 그동안 안회가 전진하는 것은 보았지만 그가 멈추는 것은 보지 못했다. 나는 그가 진보하는 것은 보았지만 완성된 그를 보지 못하였으니 너무도 안타깝구나!"

2月 22

子曰 危邦不入 亂邦不居 天下有道則見 無道則隱
자왈 위방불입 란방불거 천하유도즉현 무도즉은

(태백편 13장(1))

공자께서 말씀하셨다.
"위태로운 나라에는 들어가지 말고, 어지러운 나라에는 살지 말 것이며, 천하에 도가 있으면 나오고, 도가 없으면 숨어야 한다."

자신의 목숨보다 중한 것은 없습니다. 위태로운 나라에는 들어가지 말고, 어지러운 나라에는 살지 말 것이며, 나라의 전반적인 시스템이 올바르게 행해지면 사회로 나와서 열심히 일하고, 나라의 시스템이 올바르게 돌아가지 못한다면 숨어서 자기를 충실하게 해야 합니다. 섣부른 행동으로 목숨을 잃는다면 모든 것을 잃는 것이기 때문입니다.

孔子對曰 有顔回者好學 不遷怒 不貳過 不幸短命死矣
공자대왈 유안회자호학 불천노 불이과 불행단명사의

옹야편 2장

공자께서 대답하셨다.

"안회라는 제자가 있는데, 배우기를 좋아하여 노여움을 타인에게 옮기지 않고, 같은 잘못을 두 번 되풀이하지 않았는데, 불행히도 명이 짧아 죽었습니다."

노나라 군주인 애공이 공자에게 물었습니다. "제자 가운데 누가 배우기를 좋아합니까?" 공자께서 대답하셨습니다. "안회(顔回)라는 자가 배우기를 좋아합니다. 그는 짜증이나 노여움을 남에게 옮기지 않았습니다. 같은 잘못을 거듭 되풀이하지도 않았습니다. 하지만 불행히도 명이 짧아 죽었습니다. 지금은 그와 같은 자가 없으니 배우기를 좋아한다는 자를 저는 들어보지 못했습니다."

子曰 邦有道 貧且賤焉 恥也 邦無道 富且貴焉 恥也
자왈 방유도 빈차천언 치야 방무도 부차귀언 치야

태백편 13장(2)

공자께서 말씀하셨다.

"나라에 도가 있는데도 빈천하다면 부끄러운 일이다. 나라에 도가 없는데도 부귀를 누린다면 이 또한 부끄러운 일이다."

나라가 안정적이며 잘 돌아가고 있는데도 가난과 천함을 벗어나지 못하는 것은 노력을 덜 하고 있다는 말이니 부끄러운 일이 아닐 수 없습니다. 나라의 시스템이 비정상적으로 돌아가는데도 그것에 영합하여 자신의 이익만을 챙기며 부귀를 누린다면 그 또한 부끄러운 일입니다.

曾子曰 以能問於不能 以多問於寡 有若無 實若虛
증자왈 이능문어불능 이다문어과 유약무 실약허
犯而不校 昔者吾友嘗從事於斯矣
범이불교 석자오우상종사어사의

태백편 5장

증자가 말했다.

"유능하면서 무능한 사람에게 묻고, 많이 알고 있으면서도 잘 모르는 사람에게 물으며, 있으면서도 없는 듯하고, 꽉 찼으면서도 텅 빈 듯하며, 무례하게 굴어도 괘념치 않은, 옛날 내 친구가 이렇게 했었다."

증삼은 안회를 이렇게 칭찬했습니다. "내 친구 안회는 누구보다 유능했지만 무능한 사람에게도 물었으며, 많은 것을 알고 있으면서도 잘 모르는 사람에게 물었다. 있으면서도 없는 듯이 행동하고, 꽉 찼으면서 텅 빈 듯이 처신했으며, 남이 자기에게 잘못해도 심히 따지거나 다투지 않았다." 안회는 공자에게도 일등 제자였지만 벗들에게도 일등 친구였습니다.

子曰 君子不重則不威 學則不固 主忠信
자왈 군자부중즉불위 학즉불고 주충신

학이편 8장(1)

공자께서 말씀하셨다.

"군자가 자중하지 않으면 위엄이 없고, 배워도 학문이 견고하지 않게 된다. 충실함과 신의를 중심으로 삼아야 한다."

자기 스스로 소중히 여기는 자중감과 자존감이 있어야 리더입니다. 자중감이 없으면 떳떳함을 드러내기가 어려우며, 자존감이 있어야 당당한 모습을 보일 수 있게 되기 때문입니다. 스스로 소중히 여기지 않으면 배워도 배움이 견고하게 되지 못하고, 다른 사람의 주장이나 의견에 쉽게 빠져들게 됩니다. 일에는 최선을 다하며 인간관계에는 믿음을 잃지 않는 사람이 리더입니다.

11月

6

子謂顏淵曰 用之則行 舍之則藏 惟我與爾有是夫
자위안연왈 용지즉행 사지즉장 유아여이유시부

(술이편 10장(1))

공자께서 안연에게 말씀하셨다.
"등용되면 일하고, 버리면 숨어 지내는 일은 오직 나와
너만이 그럴 수 있을 것이다."

공자는 오십이 넘어서야 관직에 오를 수 있었습니다. 노나라를 위해 최선을 다했으나 오십 대 중반에 나라로부터 버림을 받게 되자 바로 노나라를 떠나 주유를 시작했습니다. 나라가 부를 때는 뛰어나갔고 나라가 버릴 때는 조용히 나라를 떠났습니다. 공자가 아니면 어려운 그 일을 제자 안연에게 말하고 있습니다.

子曰 回也非助我者也 於吾言無所不說
자왈 회야비조아자야 어오언무소불열

(선진편 3장)

공자께서 말씀하셨다.
"회는 나를 돕는 사람이 아니다. 내 말에 기뻐하지 않는
바가 없으니 말이다."

안회는 공자가 가장 사랑하는 제자였습니다. 안회는 공자의 말을 단 한 번도 어기지 않았습니다.
보통 사람들은 자신을 따르는 사람을 좋아합니다만 공자는 안회를 통하여 스스로 되돌아봅니다.
자신의 말과 행동이 정말 모두 올바른 것인가를 공자 스스로 성찰하고 있습니다.

子曰 賢哉回也 一簞食 一瓢飲 在陋巷
자왈 현재회야 일단사 일표음 재루항
人不堪其憂 回也不改其樂 賢哉回也
인불감기우 회야불개기락 현재회야

옹야편 9장

공자께서 말씀하셨다.
"안회는 어질구나. 한 그릇 밥과 한 바가지 물을 마시며
누추한 거리에서 살게 되면, 사람들은 그 근심을 견디지
못하는데, 안회는 그 속에서도 도를 즐기니 안회는 어질
구나."

안회는 가난했지만 안회는 불행하지 않았습니다. 가난 속에서도 행복한 삶의 의미를 찾아내 삶
의 도를 즐겼습니다. 가난과 누추함의 환경을 근심 걱정 없이 이겨내는 일이 쉬운 게 아닌데도
안연은 그 속에서 도를 즐겼다고 하니 참으로 대단한 제자였습니다.

子曰 古者言之不出 恥躬之不逮也
자왈 고자언지불출 치궁지불체야

(이인편 22장)

공자께서 말씀하셨다.
"옛사람들이 말을 함부로 하지 않았던 것은 몸이 말을 따르지 못하는 것을 부끄러워했기 때문이다."

쉽게 말한 것은 대체로 실천하기가 어렵습니다. 쉽게 승낙하면 신용이 적다는 말도 있습니다. 말과 행동은 엄연히 다르기에 그렇습니다. 옛사람들이 말을 가볍게 하지 않았던 이유는 실천하기가 쉽지 않아서였습니다. 특히 리더의 말에는 믿음이 있어야 합니다. 말의 무게가 중해야 합니다.

子曰 回也 其心三月不違仁 其餘則日月至焉而已矣
자왈 회야 기심삼월불위인 기여즉일월지언이이의

옹야편 5장

공자께서 말씀하셨다.

"안회는 그 마음이 석 달 정도는 인에서 떠나지 않는다. 나머지 제자들은 한 달에 한 번 정도 인에 다다를 따름이다."

안회에 대한 공자의 평가입니다. 다른 사람으로부터 욕 듣는 게 싫으면 다른 사람에게도 욕하지 않는 게 바로 인(仁)입니다. 안회는 삼 개월 내내 그런 마음을 유지했으나 다른 제자들은 한 달에 한 번 정도 겨우 그런 마음을 갖는다는 말입니다. 안회의 인(仁)의 경지를 칭찬했습니다.

子曰 群居終日 言不及義 好行小慧 難矣哉
자왈 군거종일 언불급의 호행소혜 난의재

위령공편 16장

공자께서 말씀하셨다.
"종일토록 여럿이 있으면서 의로운 일은 언급조차 하지 않고, 잔재주 부리기나 좋아한다면 이는 참으로 어려운 일이로다."

보통 사람들도 이러면 보기 좋은 일이 아닌데, 위정자나 사회의 리더들이 이런 양상을 보인다면 정말 미래가 없습니다. 가정이나 조직이나 국가나 마찬가지입니다. 자식은 아버지의 영향을, 직장인은 경영자의 영향을, 국민은 위정자의 영향을 받을 수밖에 없기에 리더들의 일거수일투족은 늘 중요합니다.

子貢曰 回也聞一以知十 賜也聞一以知二
자공왈 회야문일이지십 사야문일이지이

공야장편 8장

자공이 말했다.
"안회는 하나를 들으면 열을 알고, 저는 하나를 들으면 둘을 아는 정도입니다."

공자께서 자공에게 물었습니다. "너와 안회 중에 누가 더 나은 것 같으냐?" 자공이 대답했습니다. "제가 어찌 감히 안회를 넘볼 수 있겠습니까. 안회는 하나를 들으면 열을 알지만, 저는 겨우 두 개 정도를 알 뿐입니다." 그러자 공자께서 말씀하셨습니다. "그렇다. 그만 못한다. 나도 너도 그만 못한다." 자공은 지자(知者)로 안회는 인자(仁者)로 각각 스승으로부터 평가받았습니다.

子曰 飽食終日 無所用心 難矣哉
자왈 포식종일 무소용심 난의재
不有博奕者乎 爲之 猶賢乎已
불유박혁자호 위지 유현호이

양화편 22장

공자께서 말씀하셨다.
"종일 배불리 먹고 마음을 쓰는 데가 없다면 참으로 곤란하다. 장기나 바둑이라는 게 있지 않은가? 그것이라도 하는 것이 그래도 하지 않는 것보다는 낫다."

춘추시대 부모를 잘 두어 걱정 없이 세월을 보내는 권력자의 자손이나 부잣집 도령을 보며 공자께서 개탄스러워서 하신 말씀입니다. 배불리 먹고 마음을 쓰는 데가 없으면 결국 사회에 해가 되는 문제를 일으키게 되는 경우가 많기에 그냥 장기나 바둑이라도 두는 게 좋겠다는 역설적인 말씀입니다.

11月

子曰 吾與回言終日 不違 如愚 退而省其私 亦足以發 回也不愚
자왈 오여회언종일 불위 여우 퇴이성기사 역족이발 회야불우

위정편 9장

공자께서 말씀하셨다.
"안회와 종일 얘기해보면, 나의 뜻을 어기지 않는 것이,
마치 어리석은 사람 같아 보였으나 물러간 뒤 그의 사생활
에서 실행하고 있는 것을 보면, 안회는 어리석지 않다."

공자의 일등 제자는 동양 5성의 하나로 꼽히는 안회였습니다. 안회와 온종일을 얘기해도 스승
의 말에 어김이 없어 마치 어리석은 사람처럼 보였으나, 물러난 뒤의 그의 생활을 살펴보면, 역
시 스승의 말씀을 잘 실천하고 있었습니다. 이에 안회는 어리석지 않다고 공자가 말한 것입니
다. 말할 때는 다 알아들었다 하면서도, 전혀 바뀌지 않는 사람이 있고, 말할 때는 조용히 고개만
끄덕이지만, 변화해나가는 사람이 있습니다.

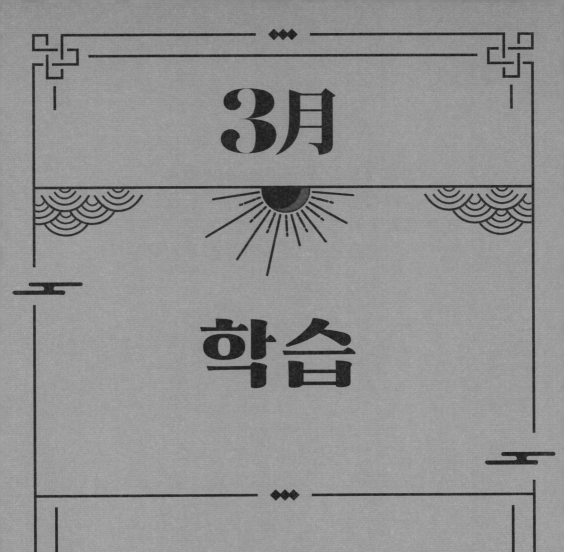

3月

학습

《논어》의 첫 번째 글자는 학(學)입니다.
공자와 제자들에게 배움은 최고의 가치였습니다.
학습은 성장의 기쁨을 주는 행복한 삶의 등뼈와도 같습니다.

德行 顔淵 閔子騫 冉伯牛 仲弓
덕행 안연 민자건 염백우 중궁
言語 宰我子貢 政事 冉有 季路 文學 子游子夏
언어 재아자공 정사 염유 계로 문학 자유자하

선진편 2장

덕행이 훌륭한 제자는 안연, 민자건, 염백우, 중궁이었고, 언어의 구사가 뛰어난 제자는 재아와 자공이었고, 정사에 밝은 제자는 염유와 계로였고, 학문이 깊은 제자는 자유와 자하였다.

공자를 따라 천하주유를 함께했던 공자의 제자들 중 특히 진나라와 채나라 사이에서 고생을 함께 했던 10명의 제자를 가리켜 10철(哲)이라 하고, 10명의 제자를 덕행, 언어, 정사, 문학으로 구분하여 공문사과(孔門四科)라고도 합니다. 덕행에는 안연, 민자건, 염백우, 중궁이었고, 언어에는 재아와 자공이었고, 정사에는 염유와 계로였고, 문학에는 자유와 자하였습니다.

3月

1

子曰 不敎而殺謂之虐
자왈 불교이살위지학

요왈편 2장

공자께서 말씀하셨다.
"가르쳐주지 않고 죽이는 것을 잔인한 짓이라 한다."

《논어》는 20편(編), 500여 장(章), 15,690자로 구성된 동양 최고의 인문 고전입니다. 《논어》의 첫 번째 글자는 학(學)입니다. 공자와 제자들에게 배움은 최고의 가치였습니다. 2500년 역사의 학습(學習)이라는 단어는 예나 지금이나 중요하게 생각하는 가치입니다.

11月

제자

공자께서는 스스로를 늘 돌아보고,
더 나은 배움의 길을 가고자 원했던 사람이라면
부귀빈천을 막론하고 제자로 받아들였습니다.

子曰 學而不思則罔 思而不學則殆
자왈 학이불사즉망 사이불학즉태

위정편 15장

공자께서 말씀하셨다.
"생각 없이 배우면 허망하게 되고, 생각만 하고 배우지 않으면 위태롭게 된다."

공부하는 이유를 분명히 할수록 학습효과는 높아지고, 일하는 이유를 분명히 할수록 업무성과도 더 커지게 됩니다. 배우기만 하고 실천하지 않으면 남는 게 없고, 생각만 하고 배우지 않으면 그 끝이 위험하게 됩니다. 일도 그렇습니다. 배우기만 하고 그 이치를 생각하지 않거나 스스로 실행해보지 않으면 나중에 혼자 응용하기가 어렵게 됩니다. 배움은 죽어서야 끝나는 우리의 평생지기입니다.

子曰 誦詩三百 雖多亦奚以爲
자왈 송시삼백 수다역해이위

자로편 5장

공자께서 말씀하셨다.
"시경에 300편을 암송한다 한들 무슨 소용이 있겠느냐?"

《시경》에 수록된 주옥같은 300편의 시를 처음부터 끝까지 완벽하게 암송했다 치더라도 정치를 맡겼을 때 제대로 달성하지 못하고, 사신이 되어도 단독으로 응대하지 못한다면 비록 시를 많이 외웠다고 한들 무슨 소용이 있겠느냐는 공자의 지적입니다. 법조문을 달달 외우고, 외국어를 아무리 유창하게 해도 외교사절로 나갔을 때 제대로 대응하지 못한다면 그간의 공부가 무슨 소용이 있겠습니까?

子曰 由 誨女知之乎 知之爲知之 不知爲不知 是知也
자왈 유 회여지지호 지지위지지 부지위부지 시지야

(위정편 17장)

공자께서 말씀하셨다.
"유야, 너에게 아는 것에 대해 가르쳐주마. 아는 것을 안다고 하고, 모르는 것을 모른다고 하는 것이 진정 아는 것이다."

상황에 따라 이익에 따라 알면서도 모르는 척하고 모르면서도 아는 척하기가 쉽습니다. 아는 것은 안다고 하고 모르는 것은 모른다고 해야 바르고 편안한 세상이 됩니다. 가정에서나 학교에서나 직장에서나 마찬가지입니다.

子曰 必也正名乎
자왈 필야정명호

(자로편 3장)

공자께서 말씀하셨다.
"반드시 명분을 바로잡겠다."

"만약 위나라 군주가 등용한다면 스승님은 무엇을 먼저 하시겠습니까?"라는 제자 자로의 질문에 공자께서는 반드시 명분을 바로잡겠다고 하셨습니다. 명분이 올바르지 않으면 말이 틀어지며 말이 틀어지면 일이 제대로 이루어지지 않고, 일이 이루어지지 않으면 조직이든 국가든 발전을 기하기가 어렵기 때문입니다.

子曰 學如不及 猶恐失之
자왈 학여불급 유공실지

태백편 17장

공자께서 말씀하셨다.
"학문은 아무리 해도 미치지 못할 듯이 하며, 배운 것을
잃을까 두려워하는 마음으로 해야 한다."

언제나 갈급한 마음으로 배움에 임하고, 배운 것을 잃어버릴까 두려운 마음으로 학문에 임한다면, 이보다 더한 학생의 자세는 없을 것입니다. 이것이 바로 2500년 전 공자와 그의 제자들이 학문에 임했던 태도였습니다.

孔子曰 不善而莫之違也 不幾乎一言而喪邦乎
공자왈 불선이막지위야 불기호일언이상방호

자로편 15장(2)

공자께서 말씀하셨다.
"옳지 않은데 아무도 그것을 거역하지 않는다면 한마디로 말해서 나라를 잃는 것에 가깝지 않겠습니까?"

노나라 군주 정공이 한마디로 말해서 나라를 망하게 하는 그런 일이 있느냐의 질문에 공자께서 하신 대답입니다. "군주께서 내린 명령이 옳은데 아무도 그것을 거역하지 않는다면 매우 좋은 일이지만, 역으로 옳지 않은 명령을 내려도 아무도 그것을 거역하지 않는다면 한마디로 말해서 나라를 잃는 것에 가깝지 않겠습니까?" 군주가 되어 신하의 입을 막는다면 그것은 이미 나라를 망하게 하는 지름길로 나라에 미래가 없다는 말입니다.

子曰 不憤不啓 不悱不發
자왈 불분불계 불비불발

술이편 8장(1)

공자께서 말씀하셨다.
"분발하지 않으면 열어 주지 않았고, 답답해하지 않으면 터주지 않았다."

답답해하지 않으면 일깨워 주지 않았고, 말하려 애쓰지 않으면 터주지 않았습니다. 학생은 질문하면서 반을 배우고, 대답을 들으면서 나머지 반을 배우게 됩니다. 계발(啓發)이라는 단어의 어원입니다.

28

10月

孔子曰 知爲君之難也 不幾乎一言而興邦乎
공자왈 지위군지난야 불기호일언이흥방호

자로편 15장(1)

공자께서 말씀하셨다.
"임금 되기가 어렵다는 사실을 안다면 한마디로 나라를 일으켜 세우는 일에 가깝지 않겠습니까?"

노나라 군주 정공이 한마디로 말해서 나라를 일으켜 세울 수 있는 그런 일이 있느냐의 질문에 공자께서 하신 대답입니다. "세상에 그런 말은 없습니다. 하지만 비슷한 것이라면, 바른 군주가 되기 어렵다는 사실을 안다면 그것이 바로 한마디로 나라를 일으켜 세우는 일에 가깝지 않겠습니까?" 군주가 되어 말 한마디에 신하가 죽는시늉까지 하는 모습에만 즐거움을 느낀다면 그것은 이미 희망이 없다는 말입니다.

子曰 擧一隅不以三隅反 則不復也
자왈 거일우불이삼우반 즉불부야

술이편 8장(2)

공자께서 말씀하셨다.
"네 모서리 중 한 모서리를 들어 보였는데, 스스로 나머지 세 모서리를 돌이켜 깨닫지 못하면 다시 반복하지 않았다."

하나를 가르쳤을 때 비슷한 세 개 정도는 스스로 터득하려는 노력을 보이지 않으면 다시는 반복하여 가르치지 않았다는 공자의 교육 방법입니다. 책을 많이 읽어도 깨달음이 없거나 실천이 따라오지 못한다면 그것은 책을 읽지 않은 것이나 다르지 않습니다. 1+3을 기억해야 합니다.

曾子曰 君子思不出其位
증자왈 군자사불출기위

헌문편 28장

증자가 말했다.
"군자는 생각하는 것이 자기 직위를 벗어나지 않도록 한다."

리더가 가져야 할 기본적인 인성은 남의 일에 간섭하지 않는 것입니다. 모두를 존중받아야 할 존재로 인정하면서 인격적으로 대해주어야 합니다. 자율권을 존중해주어야 합니다. 자기 직책의 업무 범위가 아니라면 '감 놓아라, 대추 놓아라' 하지 말아야 합니다.

子在川上曰 逝者如斯夫 不舍晝夜
자재천상왈 서자여사부 불사주야

자한편 16장

공자가 냇가에서 말씀하셨다.
"가는 것이 이와 같구나. 밤낮으로 쉬질 않는구나."

시간은 누구에게나 공평합니다. 기다림도 없고 되돌릴 수도 없습니다. 마치 흐르는 강물과도 같습니다. 쏜 화살처럼 지나갑니다. 주자(朱子)의 시처럼 "젊은이는 늙기 쉽고, 학문은 이루기가 어려우니" 짧은 시간도 가볍게 보내서는 안 됩니다.

子曰 以不敎民戰 是謂棄之
자왈 이불교민전 시위기지

자로편 30장

공자께서 말씀하셨다.
"가르치지 않은 백성을 전쟁에 나가게 하는 것은 그들을
버리는 것이다."

뛰어난 사람이 백성 가르치기를 7년 정도는 해야, 안심하고 전투에 내보낼 수 있다고 공자는 말했습니다. 뛰어난 리더가 7년 정도는 가르쳐야 나라를 위해 몸과 마음을 다하고 목숨까지도 바칠 수 있는 사람으로 키울 수 있다는 말입니다. 개인 성장이나 기업 성장의 바탕에는 늘 학습과 교육이 있습니다. 바른 교육은 시대를 막론하고 늘 정답이었습니다.

3月 — **8**

子曰 有教無類
자왈 유교무류

위령공편 38장

공자께서 말씀하셨다.
"교육에 차별을 두지 않았다."

공자는 제자 선발에 신분상의 차별을 두지 않았습니다. 부귀빈천을 가리지 않았으며 영리한 사람이든 우둔한 사람이든 배움에 열의가 있는 사람이라면 출신과 지역을 가리지 않고 가르쳤습니다. 그리하여 교육받은 이후에는 격이 다른 사람으로 발전해나갔습니다.

子曰 君子之德 風 小人之德 草 草上之風 必偃
자왈 군자지덕 풍 소인지덕 초 초상지풍 필언

안연편 19장

공자께서 말씀하셨다.
"군자의 덕은 바람이요 소인의 덕은 풀인바, 풀 위로 바람이 불면 바람을 따라 쓰러지는 법입니다."

노나라 최대 권력자였던 계강자가 공자께 정치에 관하여 논하면서 "무도한 자를 죽여 바른 사회를 만들고 싶습니다"라고 하자 공자께서 이렇게 답했습니다. "대부께서는 바른 정치를 한다면서 어찌 살인의 방법을 쓰려고 하십니까? 대부께서는 덕의 정치를 하셔야 합니다. 대부께서 먼저 선해지려고 노력한다면 백성들은 자연스럽게 선량해질 것입니다. 군자의 덕은 바람과 같고 소인의 덕은 풀잎과 같습니다. 풀 위로 군자의 바람이 불면 풀은 반드시 선량해집니다."

子曰 人潔己以進 與其潔也 不保其往也
자왈 인결기이진 여기결야 불보기왕야

（ 술이편 28장 ）

공자께서 말씀하셨다.
"어떤 사람이 스스로 깨끗이 하여 진보하려 한다면, 그의
깨끗함을 도와주려는 것이지 그의 지나간 일을 감싸주려
는 것이 아니다."

평판이 좋지 않은 지역의 한 젊은이가 찾아와 배움을 청했습니다. 이에 제자들이 의아하게 생각
하자 공자께서 제자들에게 이른 말씀입니다. 혹여 잘못이 있는 사람이라 해도 잘못을 반성하고
개선하려 한다면 그를 도와 가르쳐야 한다는 공자였습니다. 역시 유교무류(有敎無類)입니다.

10月 — 24

子曰 道千乘之國 敬事而信 節用而愛人 使民以時
자왈 도천승지국 경사이신 절용이애인 사민이시

학이편 5장

공자께서 말씀하셨다.

"나라를 다스리는 일은 매사를 성실히 하며 신의가 있어야 하고, 물자를 절약하며 사람을 사랑하고, 때에 맞게 백성을 부릴 줄 알아야 한다."

큰 조직을 이끄는 다섯 가지 원칙이 있습니다. 나태함이 없는 성실한 태도, 믿음과 신뢰, 공공 자원의 절약, 구성원에 대한 사랑, 완급 경중의 일 처리가 바로 그것입니다. 나라를 이끄는 정치 지도자, 기업을 경영하는 CEO, 팀을 이끄는 팀장, 가정을 꾸려나가는 가장, 조직을 이끄는 원칙은 다를 바가 없습니다.

子曰 吾嘗 終日不食 終夜不寢 以思無益 不如學也
자왈 오상 종일불식 종야불침 이사무익 불여학야

위령공편 30장

공자께서 말씀하셨다.
"내 일찍이 낮에는 먹지도 못하고 밤에는 잠도 못 자면서 생각해보았으나, 도움 되는 것이 없었다. 배움만 한 것이 없었다."

다산 정약용 선생은 유배지에서 '양계'를 한다는 고향의 아들에게 이렇게 편지를 보냈습니다. "네가 양계를 한다고 들었다. 진실로 농서를 숙독해서 좋은 방법을 골라 시험을 통해 닭이 살찌고 번드르르하며 다른 집보다 번식도 더 낫게 해야 한다. 기왕 닭을 기른다면, 모름지기 백가의 책 속에서 닭에 관한 글들을 베껴 모아, 계경(鷄經)이라는 책을 만들어보는 것도 좋겠구나."

10月 ——————— 23

子曰 富之 教之
자왈 부지 교지

> 자로편 9장

공자께서 말씀하셨다.
"부유하게 해야 한다. 가르쳐야 한다."

우선 백성의 먹고사는 문제가 가장 시급한 현안이며, 이것이 어느 정도 해결되면 교육이 시급합니다. 국가의 발전은 국민의 부강과 국민의 교육 수준과 문화 정신에 있기 때문입니다. 기업도 다르지 않습니다. 기업의 발전은 부자 직원을 얼마나 많이 만드는가와 바람직한 기업문화에 비례합니다. 공자와 자로가 위나라를 지나면서 나누었던 대화였습니다.

子曰 溫故而知新 可以爲師矣
자왈 온고이지신 가이위사의

위정편 11장

공자께서 말씀하셨다.
"옛것을 익혀 새로운 것을 알게 되면, 스승이 될 수 있을 것이다."

옛것을 익히지 않고는 학습 자체가 불가능합니다. 학문도, 역사도, 기술도, 인생도 마찬가지입니다. 지난 것을 공부하여 새로운 것을 찾아내거나 앞날을 알 수 있다면 그는 이미 리더(Leader)입니다. 리더는 리더(Reader)입니다.

孔子曰 君子有三戒 少之時 血氣未定 戒之在色
공자왈 군자유삼계 소지시 혈기미정 계지재색
及其壯也 血氣方剛 戒之在鬪 及其老也 血氣旣衰 戒之在得
급기장야 혈기방강 계지재투 급기로야 혈기기쇠 계지재득

계씨편 7장

공자께서 말씀하셨다.
"군자에게는 세 가지 경계할 일이 있으니, 젊을 때는 혈기가 안정되지 않았으니 이성 관계를 경계해야 하고, 장년이 되면 혈기가 왕성하니 지나친 경쟁심을 경계해야 하며, 늙어서는 혈기가 쇠잔해지므로 탐욕을 경계해야 한다."

젊어서는 이성 관계나 성욕에 주의해야 하고, 장년이 되어서는 지나친 경쟁을 주의해야 하고, 노년이 되어서는 탐욕에 주의해야 합니다. 젊을 때는 아직 혈기가 안정되지 않았기 때문이고, 장년이 되면 혈기가 너무 강성해서 그렇습니다. 늙어서는 혈기가 쇠잔해지기에 노욕과 탐욕으로 빠지기 쉽기 때문입니다.

子曰 古之學者爲己 今之學者爲人
자왈 고지학자위기 금지학자위인

헌문편 25장

공자께서 말씀하셨다.
"옛날에 학문하는 사람들은 자기에 충실하기 위해 하였으나, 지금 학문하는 사람들은 남에게 인정받기 위해 한다."

높은 연봉과 좋은 직업을 구하기 위해 공부하는 것도 좋은 일이지만, 그것이 행복한 인생을 만들지 못한다면 그것은 진정한 공부가 아닐 수 있습니다.

子貢問政 子曰 足食 足兵 民信之矣

자공문정 자왈 족식 족병 민신지의

안연편 7장

자공이 정치에 관하여 묻자 공자께서 "식량을 풍족하게 하고, 군비를 풍족하게 하고, 백성들로 하여금 믿게 하는 것이다"라고 하셨다.

정치란 식량을 풍족하게 하고, 군비를 충분하게 하고, 백성들이 신뢰하도록 하는 것입니다. 정치의 요체는 나라를 안전하게 지키며, 먹고사는 문제해결을 통해 국민의 믿음을 얻어내는 일입니다.

子曰 弟子入則孝 出則弟 謹而信
자왈 제자입즉효 출즉제 근이신
汎愛衆而親仁 行有餘力 則以學文
범애중이친인 행유여력 즉이학문

(학이편 6장)

공자께서 말씀하셨다.

"제자는 집에 들어가서는 효도하고, 밖에 나와서는 공손하며, 행실은 삼가고 말은 믿음직하게 해야 한다. 사람들을 사랑하며 어진 이를 가까이해야 한다. 이를 행하고 여력이 있으면 글을 배워야 한다."

학문은 '學問', '學文' 두 가지로 나눌 수 있습니다. 學問(학문)은 사람 됨됨이와 바른 행동을 배우고 묻는 것입니다. 먼저 제대로 된 인간이 된 후에 국어, 영어, 수학 같은 學文(학문)을 해도 늦지 않다는 말입니다. 직장에서는 더욱 그렇습니다. 먼저 사람들과의 관계에 힘쓴 다음 업무 지식을 배워도 늦지 않습니다.

子曰 不在其位 不謀其政

자왈 부재기위 불모기정

태백편 14장

공자께서 말씀하셨다.
"그 지위에 있지 않거든 그 지위의 정사를 논하지 말라."

경험과 지식이 미천한 사람이 마치 전문가인 것처럼 말하는 경우가 적지 않습니다. 관여할 만한 지위나 전문 지식도 없으면서 자신의 이익을 위해 관여하는 것은 결국 공공에 해를 끼치는 결과를 만들기 십상입니다. 책임과 그 위치에 있지 않다면 그 일을 정확히 알기가 어렵기 때문입니다.

子以四教 文行忠信
자이사교 문행충신

〔술이편 24장〕

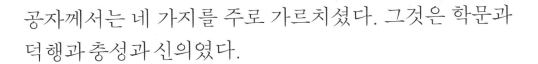

공자께서는 네 가지를 주로 가르치셨다. 그것은 학문과
덕행과 충성과 신의였다.

공자께서는 《서경(書經)》이나 《시경(詩經)》과 같은 학문도 중요하지만, 덕행, 정성, 신의를 더 중요
시 했습니다. 지식도 중요하지만, 사람됨이 더 중요하다는 것은 예나 지금이나 불변입니다.

10月 —————————— 19

子曰 不然 獲罪於天 無所禱也
자왈 불연 획죄어천 무소도야

팔일편 13장

공자께서 말씀하셨다.
"그렇지 않지요. 하늘에 죄를 지으면 그 어디에 빌어도
소용이 없지요."

위나라의 대부였던 왕손가라는 사람이 공자에게 넌지시 군주에게 잘 보이는 것보다 우리 같은
대부들에게 먼저 잘 보이는 것이 더 유리하다고 말하자, 공자께서 따끔하게 일침을 가한 것입니
다. "그렇지 않습니다. 하늘에 죄를 지으면 그 어디에다 빌어도 소용이 없습니다."

孔子曰 生而知之者上也 學而知之者次也
공자왈 생이지지자상야 학이지지자차야
困而學之又其次也 困而不學民斯爲下矣
곤이학지우기차야 곤이불학민사위하의

계씨편 9장

공자께서 말씀하셨다.
"나면서부터 아는 사람이 상급이고, 배워서 아는 사람이
그다음이고, 곤경에 처해서 배우는 사람은 또 그다음이며,
곤경에 처해도 배우지 않으면 백성 중에서 하급이 된다."

공자 스스로는 나면서부터 아는 사람이 아닌 배워서 아는 사람이라 했습니다. 천성적으로 배우기
를 좋아한다면 더없이 좋은 일이지만, 어려움이나 곤란함을 겪고 배우기에 집중해도 늦지 않습니
다. 하지만 어려움을 겪고 나서도 배우기를 꺼린다면 그것은 문제입니다.

子曰 甯武子 邦有道則知 邦無道則愚
자왈 영무자 방유도즉지 방무도즉우
其知可及也 其愚不可及也
기지가급야 기우불가급야

공야장편 20장

공자께서 말씀하셨다.
"영무자는 나라에 도가 있으면 지혜로웠고, 나라에 도가
없으면 어리석었다. 그 지혜는 누구나 따를 수 있으나,
그 어리석음은 아무나 따를 수 없다."

정치가 정상적으로 돌아가면 자신의 능력과 재능을 발휘하는 리더들이 적지 않지만, 정치가 비
정상적으로 돌아가 상황이 혼란해졌을 때도 어리석은 연기를 하면서까지 사회의 정의를 위해
일할 수 있는 리더는 많지 않습니다.

子曰 十室之邑 必有忠信如丘者焉 不如丘之好學也
자왈 십실지읍 필유충신여구자언 불여구지호학야

공야장편 27장

공자께서 말씀하셨다.
"열 집이 모여 사는 마을에도 나만큼 충실하고 신의가 있는 사람이 꼭 있겠지만, 나만큼 배우기를 좋아하는 사람은 없을 것이다."

공자는 배움에 있어서만큼은 대단한 자부심이 있었습니다. 그래서 이렇게 말합니다. "나보다 배우기를 좋아하는 사람은 없다." 동양 최고의 성인이 된 바탕은 바로 호학(好學) 정신이었습니다.

子曰 能以禮讓爲國乎 何有 不能以禮讓爲國 如禮何
자왈 능이례양위국호 하유 불능이례양위국 여례하

이인편 13장

공자께서 말씀하셨다.
"예의와 겸양으로 다스리면 어떤 어려움이 있겠는가?
예의와 겸양으로 나라를 다스리지 않으면 예는 무슨 소
용이 있겠는가?"

치열한 경쟁과 갖은 권모술수를 써서 권력을 잡은 사람에게 정치는 직업이 아니라 봉사라는 말
이 들리기나 할까요? 시민의 삶에 그 어떤 긍정적인 영향도 주지 못한 채, 한 번만 더 선택해달라
고 읍소하는 정치인에게 과연 어떤 예(禮)가 있는 것일까요? 어떤 겸양이 있는 것일까요?

子曰 默而識之 學而不厭 誨人不倦 何有於我哉
자왈 묵이지지 학이불염 회인불권 하유어아재

(술이편 2장)

공자께서 말씀하셨다.
"묵묵히 배우면서 기억하고, 배움에 싫증을 내지 않으며,
남을 가르치기에 게을리하지 않는 것 외에 나에게 무엇이
있겠는가?"

강하게 마음먹어도 작심삼일을 지켜내기가 어려운 것이 현실인데, 평생 일관되게 배움에 싫증 내지 않았다는 것은 정말 놀라운 일이 아닐 수 없습니다. 움켜쥐려고만 하는 것이 현실인데, 남을 가르치기에 게으르지 않았다는 것 역시 놀라운 일입니다.

有子曰 禮之用 和爲貴 有所不行 知和而和
유자왈 예지용 화위귀 유소불행 지화이화
不以禮節之 亦不可行也
불이례절지 역불가행야

학이편 12장

유자가 말했다.
"예의 쓰임은 조화를 귀하게 여긴다. 어떤 일이 잘 행해
지지 않는 바가 있다고 해서 조화의 중요함을 알아 조화
시키기만 하고 예로써 조절하지 않으면 행하여지지 않
을 수도 있다."

모두가 잘 어울리는 조화로운 사회를 위해서 예와 법규와 규범이 필요합니다. 하지만 함께 잘 어
울리는 것에만 치중하다 보면 일을 그르치는 경우가 종종 발생합니다. 예가 없다면 사회를 지탱
하는 질서가 무너지게 됩니다. 균형을 조절하는 것이 예(禮)와 법과 규범입니다. 그래서 가정에
는 가정규범이, 조직에는 조직규칙이, 국가에는 법률과 헌법이 필요합니다.

子曰 德之不修 學之不講 聞義不能徙 不善不能改 是吾憂也
자왈 덕지불수 학지불강 문의불능사 불선불능개 시오우야

(술이편 3장)

공자께서 말씀하셨다.

"덕을 수양하지 않는 것, 학문을 익히지 않는 것, 의를 듣고도 실천하지 못하는 것, 착하지 못한 것을 알면서도 능히 고치지 못하는 것, 이런 것들이 나의 근심이다."

공자는 평소에 네 부류의 사람들을 늘 걱정했습니다. 스스로 인품과 덕성을 수양하지 않는 사람, 진정한 학문을 익히지 않는 사람, 마땅히 행해야 할 의(義)를 듣고도 행동으로 옮기지 못하는 사람, 스스로 착하지 못한 점을 익히 알면서도 고치지 못하는 사람을 걱정했습니다. 사람들에 대한 공자의 걱정은 지금도 다르지 않습니다.

子曰 道之以政 齊之以刑 民免而無恥
자왈 도지이정 제지이형 민면이무치
道之以德 齊之以禮 有恥且格
도지이덕 제지이례 유치차격

위정편 3장

공자께서 말씀하셨다.
"정치적 법령으로 이끌고 형벌로 다스리면 백성들은 형벌을 면하기만 할 뿐, 부끄러움을 모르게 된다. 덕으로 이끌고 예로써 다스리면 백성들은 부끄러움을 알뿐만 아니라 감격할 것이다."

업무규정과 사규로만 직원들을 규제하면 직원들은 회사의 제재가 무서워 조심하기는 하겠지만 잘못했을 때 재수가 없어 걸렸다고 생각할 뿐 반성이나 부끄러운 마음을 갖지 않게 됩니다. 하지만 상사가 모범을 보이고 자율로 직원들을 규제하면 다수의 선량한 직원들은 잘못했을 때 비록 벌을 받더라도 자신이 잘못했다는 것에 대한 깊은 부끄러움을 느끼며 품격 있는 회사에서 일하고 있다는 자부심을 느끼게 될 것입니다.

子路有聞 未之能行 唯恐有聞
자로유문 미지능행 유공유문

공야장편 13장

자로는 가르침을 듣고 그것을 실천하기도 전에 또 다른 가르침을 듣는 것을 두려워했다.

성격이 거칠고 충동적인 제자로 알려진 자로였지만, 그의 인품과 덕성은 누구에게도 뒤지지 않았습니다. 이미 배운 것을 실행하지도 못하면서, 스승의 가르침을 계속 받는 것은 의미 없는 일이라는 것을 알고 있었습니다.

10月

14

子曰 爲政以德 譬如北辰 居其所而衆星共之
자왈 위정이덕 비여북신 거기소이중성공지

위정편 1장

공자께서 말씀하셨다.
"덕으로써 정치를 하는 것은, 북극성은 제자리에 있는데
뭇별들이 북극성을 도는 것과 같다고 비유할 수 있다."

덕의 시작은 모범입니다. 어긋난 길을 가면서 말로만 바른길을 외치는 리더를 따르는 팔로워는 없습니다. 앞에서는 힘에 눌려 "Yes"라 하지만 돌아서면 바로 "No"를 할 수밖에 없습니다. 말로만 떠벌리는 리더들이 아직도 많습니다. 인사권을 들먹거리고 승진과 고과로 은근히 압력을 주면서 말입니다. 바람이 불면 풀잎은 엎드리지만, 그 바람이 지나면 풀잎은 다시 일어섭니다.

曾子曰 吾日三省吾身 爲人謀而不忠乎
증자왈 오일삼성오신 위인모이불충호
與朋友交而不信乎 傳不習乎
여붕우교이불신호 전불습호

(학이편 4장)

증자가 말했다.
"매일 나는 세 가지로 나 자신을 반성한다. 남을 위해 일을 도모함에 충실하였는가? 친구와 사귐에 신의를 저버리지는 않았는가? 배운 것을 열심히 익혔는가?"

사서삼경 중 《대학(大學)》의 저자로 알려진 증자(曾參, 증삼) 역시 학문을 수양함에 세 가지 방법을 사용했습니다. 일할 때는 충실하게, 벗과 동료들에게는 믿음직하게, 필요한 지식과 공부는 매일 매일 꾸준하게 하는 방법으로 공자의 뒤를 계승했습니다.

子曰 臨之以莊則敬 孝慈則忠 擧善而敎不能則勸
자왈 임지이장즉경 효자즉충 거선이교불능즉권

위정편 20장

공자께서 말씀하셨다.
"백성에게 위엄 있게 임하면 존경받을 것이고 부모에게
효도하고 자식에게 인자하면 충성할 것이며, 선한 사람
을 등용하여 불선한 사람을 가르치면 서로 선을 권장하
게 될 것입니다."

직원들을 진심과 성심으로 대한다면 직원들은 존경하는 마음으로 경영자를 대할 것입니다. 경
영자가 솔선수범하여 리더들을 잘 이끌고 아랫사람들을 사랑으로 대해준다면 직원들은 충심으
로 일할 것입니다. 경영자가 리더다운 리더를 채용하여 조직을 이끌게 하고 직원들의 교육에 힘
을 쓰게 한다면 성공적인 기업으로 오랫동안 남을 것입니다.

子夏曰 賢賢易色 事父母 能竭其力 事君 能致其身 與朋友交
자하왈 현현이색 사부모 능갈기력 사군 능치기신 여붕우교
言而有信 雖曰未學 吾必謂之學矣
언이유신 수왈미학 오필위지학의

학이편 7장

자하가 말했다.
"현자를 본받아서 태도를 바꾸고, 부모를 섬김에는 있는 힘을 다하며, 임금을 섬김에는 그 몸을 바치고, 친구와 사귐에 신의가 있다면, 비록 그가 배우지 못했다 하더라도 나는 반드시 그를 학문을 한 사람이라 하리라."

───────────────────────────

전국시대 학자들에게 크게 영향을 끼쳤던 공자의 제자 자하가 바라보는 학문(學問)의 개념 역시 스승과 다르지 않습니다. 부모에게 효도하고, 나라에 충성하며, 친구에게 신의가 있으면서 현인을 따라 바른 태도를 익힌다면, 그는 이미 학문을 하고도 남는 사람으로, 이는 공부보다 사람 됨됨이가 더 중요하다는 말입니다.

哀公問曰 何爲則民服 孔子對曰 擧直錯諸枉
애공문왈 하위즉민복 공자대왈 거직조저왕
則民服 擧枉錯諸直 則民不服
즉민복 거왕조저직 즉민불복

(위장편 19장)

노나라 군주인 애공이 물었다.
"어떻게 하면 백성들이 복종하겠습니까?"
공자께서 대답하셨다.
"곧은 사람을 등용해 굽은 사람 위에 놓으면 백성들이 복
종하고, 굽은 사람을 등용해 곧은 사람 위에 놓으면 백성
들은 복종하지 않을 것입니다."

경영에 사람만큼 중요한 요소는 없습니다. 채용이 조직의 승패를 가늠합니다. 어떤 리더를 쓰는
가에 따라 조직의 시너지를 최고로 올릴 수도, 최저점으로 떨어트릴 수도 있습니다. 정치와 경
영의 요체는 바로 사람입니다. 특히 리더의 채용과 선발이 중요한 이유입니다.

子貢曰 貧而無諂 富而無驕 何如
자공왈 빈이무첨 부이무교 하여
子曰 可也 未若貧而樂 富而好禮者也
자왈 가야 미약빈이락 부이호례자야

학이편 15장

자공이 말했다.
"가난해도 아첨하지 않고 부유해도 교만하지 않다면 어떻습니까?"
공자께서 말씀하셨다.
"그것도 괜찮지만 가난하면서도 도를 즐기고, 부유하면서도 예를 좋아하는 것보다는 못하다."

공자의 말씀에 자공은 이렇게 말했습니다. "시경에 '자르고, 갈고, 쪼고, 문지른다' 하였는데 이를 두고 한 말인가 봅니다." 절차탁마(切磋琢磨)는 옥석(玉石)을 자르고, 갈고, 쪼고, 문질러 비취를 만드는 단계를 말합니다. 심신을 수양하는 방법이나 학문을 이루는 방법이 이와 다르지 않습니다.

孔子曰 苟子之不欲 雖賞之不竊
공자왈 구자지불욕 수상지부절

안연편 18장

공자께서 말씀하셨다.
"진실로 대부께서 욕심을 내지 않는다면 사람들은 상을
준다고 해도 훔치지 않을 것입니다."

계강자가 나라에 도둑이 많음을 걱정하면서 어떻게 하면 도둑을 줄일 수 있는지를 물었을 때 공
자께서 이른 말입니다. 진실로 대부께서 욕심을 내지 않는다면 백성들은 상을 준다고 해도 남의
물건을 훔치지 않을 것입니다. 제발 솔선수범을 보여주기를 간곡히 권했습니다.

子夏曰 仕而優則學 學而優則仕
자하왈 사이우즉학 학이우즉사

자장편 13장

자하가 말했다.
"벼슬을 하면서 여력이 있으면 학문을 하고, 학문을 하면서 여력이 있으면 벼슬을 하라."

자리가 높아질수록 인품과 지혜가 더해져야 품격도 높아집니다. 책을 놓아서는 안 되는 이유입니다. 학문이 깊어지면 그 결과를 다른 사람들과 함께 나누어야 합니다. 실력 있는 학자가 학교와 연구소에서만 있어서는 안 되는 이유입니다.

10月 ——————— 10

季康子問政於孔子 孔子對曰 政者 正也 子帥以正 孰敢不正
계강자문정어공자 공자대왈 정자 정야 자솔이정 숙감부정

안연편 17장

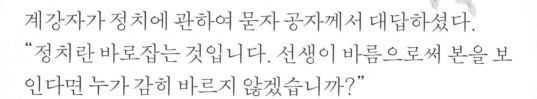

계강자가 정치에 관하여 묻자 공자께서 대답하셨다.
"정치란 바로잡는 것입니다. 선생이 바름으로써 본을 보인다면 누가 감히 바르지 않겠습니까?"

노나라의 정치를 쥐락펴락했던 계강자가 정치에 관해 물었을 때 공자께서 이른 말입니다. 정치란 바로잡는 것입니다. 당신 같은 대부가 솔선해서 왜곡된 것을 올바르게 한다면 누가 감히 바르지 않겠습니까? 리더는 자기가 먼저 바르게 된 다음 다른 사람을 바르게 하는 사람입니다. 윗물이 맑아야 아랫물도 맑습니다. 회장이 맑아야 경영진이 맑습니다. 팀장이 맑아야 팀원이 맑습니다. 가장이 맑아야 자식이 맑습니다.

子曰 敏而好學 不恥下問 是以謂之文也
자왈 민이호학 불치하문 시이위지문야

(공야장편 14장)

자하가 말했다.
"명민하면서도 배우기를 좋아하고, 아랫사람에게 묻는
걸 부끄러워하지 않았기에 '문'이라 시호를 붙인 것이다."

위나라 '공문자'라는 대부의 시호에 문(文)이 들어가는 이유를 말하는 대목입니다. 공문자는 배우
기를 좋아하고 아랫사람에게 묻는 것을 부끄러워하지 않았습니다. 그렇듯 리더는 의심 나는 것이
있을 때는 질문을 생각하고 혼자서 끙끙거리지 않고 전문가를 찾아 질문하는 사람입니다. 아랫사
람에게 묻는 것까지도 부끄럽게 생각하지 말아야 합니다. 그게 공자의 학습 방법이었습니다.

子曰 居上不寬 爲禮不敬 臨喪不哀 吾何以觀之哉
자왈 거상불관 위례불경 림상불애 오하이관지재

(팔일편 26장)

공자께서 말씀하셨다.
"윗자리에 있으면서 너그럽지 못하고, 예를 행함에 공경
스럽지 못하고, 초상에 임하여 슬퍼하지 않는 사람이라
면 내 무엇으로 그 사람됨을 알아보겠는가?"

공자께서 인정하는 리더다운 리더는 윗자리에 있을 때 너그럽고, 힘 있을 때 관용을 베풀 줄 아
는 사람입니다. 약자의 슬픔을 진정으로 공감할 줄 아는 사람입니다. 도움이 필요한 사람들에게
빈정대지 않고 공경의 마음으로 묵묵히 수행하는 사람입니다.

子曰 好仁不好學 其蔽也愚
자왈 호인불호학 기폐야우

(양화편 8장(1))

공자께서 말씀하셨다.
"인(仁)을 좋아하되 배우기를 좋아하지 않으면, 그 폐단
은 어리석어지는 것이다."

사람을 사랑하는 마음, 사람을 용서하는 마음, 상대의 위치에서 생각하는 마음을 가리켜 인(仁)한
마음이라 합니다. 하지만 옳고 그름의 판단 없이 누구에게나 인을 행하다가는 어리석은 사람으로
취급받기 쉽습니다. 인한 사람도 배움이 필수인 이유입니다.

子張問政 子曰 居之無倦 行之以忠
자장문정 자왈 거지무권 행지이충

안연편 14장

자장이 정치를 묻자 공자께서 말씀하셨다.
"관직에 있을 때는 태만하지 않고, 정사를 행할 때는 충심으로 해야 한다."

태만하지 않고, 충심으로 임하는 태도가 필요한 곳이 비단 정치뿐이겠습니까? 조직의 리더 역시 게으름이 없어야 합니다. 업무를 행할 때는 성실하게 해야 합니다. 그게 싫으면 조직과 자신을 위해서라도 리더의 자리에서 내려와야 합니다.

子曰 好知不好學 其蔽也蕩
자왈 호지불호학 기폐야탕

(양화편 8장(2))

공자께서 말씀하셨다.
"지혜(知)를 좋아하되 배우기를 좋아하지 않으면, 그 폐
단은 방탕해지는 것이다."

인성이 기반 되지 않은 사람이 유능하면 유능할수록 다른 사람을 무시하기 쉽습니다. 급기야 방탕
해지고 제멋대로 행동하게 됩니다. 국영수와 같은 학문(學文)이 아닌 자기 수양의 학문(學問)을 통
해 자신을 단속하지 않으면 안 되는 이유입니다.

子路問政 子曰 先之勞之 請益 曰 無倦
자로문정 자왈 선지로지 청익 왈 무권

자로편 1장

자로가 정치를 물었을 때 공자께서 말씀하셨다.
"먼저 솔선수범을 보인 후 일을 시켜라."
한 가지 더 일러달라고 하자 공자께서 말씀하셨다.
"게으름피우지 말아야 한다."

말로만 하는 정치인, 말로만 하는 경영인, 말로만 하는 방송인이 많습니다. 앞에서는 그럴듯하게 꾸며대지만, 뒤에서는 안하무인인 리더들이 너무 많은 세상입니다. 정치도, 경영도, 방송도, 강의도 다 마찬가지입니다. 공자께서는 정치에는 솔선수범과 성실함이 늘 바탕이 되어야 함을 강조하셨습니다.

子曰 好信不好學 其蔽也賊
자왈 호신불호학 기폐야적

(양화편 8장(3))

공자께서 말씀하셨다.
"믿음(信)을 좋아하되 배우기를 좋아하지 않으면, 그 폐
단은 자신을 해치는 것이다."

지나치게 자기 자신을 믿는 것은 종종 자신을 잘못된 길로 이끌게 됩니다. 자신감이 넘치면 자만심이 되고 자만심은 일을 망치게 하는 경우가 많기 때문입니다. 이 역시 자기 수양의 학문(學問)을 통해 자신을 단속하지 않으면 안 되는 이유입니다.

子夏爲莒父宰 問政 子曰 無欲速 無見小利
자하위거보재 문정 자왈 무욕속 무견소리
欲速則不達 見小利則大事不成
욕속즉부달 견소리즉대사불성

자로편 17장

자하가 거보라는 지역의 관리가 되었을 때 정치에 관해 물었을 때 공자께서 말씀하셨다.
"빨리하려고 하지 말고, 작은 이익을 보려고 하지 마라. 빨리하려고 하면 달성하지 못하고, 작은 이익을 보려 하면 큰일을 이루지 못한다."

선거 때는 호언장담 하지만 대개는 흐지부지하게 끝을 내는 정치인이 많습니다. 조직에도 그런 리더가 많습니다. 업무를 처음 맡을 때는 전임자를 비판하며 호기롭게 시작하지만, 전임자보다도 더 초라한 모습으로 끝을 맺는 경우가 많습니다. 너무 서둘렀거나 작은 이익에 눈을 돌렸기 때문입니다.

子曰 好直不好學 其蔽也絞
자왈 호직불호학 기폐야교

양화편 8장(4)

공자께서 말씀하셨다.
"곧기(直)를 좋아하되 배우기를 좋아하지 않으면, 그 폐
단은 가혹해지는 것이다."

마음이 곧은 것은 바람직한 품성이지만 상황을 무시한 채 그저 곧기만 하면 그 폐단은 상대에게 너
무 가혹해질 수 있습니다. 세상에 예외 없는 법칙이나 규칙은 없습니다. 배우기를 멈춘다면 자신이
아는 것이 완벽하다고 어떻게 말할 수 있겠습니까?

子曰 上好禮 則民易使也
자왈 상호례 즉민이사야

헌문편 44장

공자께서 말씀하셨다.
"윗사람이 예를 좋아하면 백성은 부리기 쉽다."

권한이 큰 리더에게는 요구하는 사항도 많아집니다. 리더가 규범과 예의를 좋아하면 팔로워들 역시 리더에 감화되기 쉬움에 이끌기 쉬워지는 것입니다. 리더의 책임은 아무리 강조해도 지나치지 않습니다.

子曰 好勇不好學 其蔽也亂
자왈 호용불호학 기폐야란

양화편 8장(5)

공자께서 말씀하셨다.
"용기(勇)를 좋아하되 배우기를 좋아하지 않으면, 그 폐단은 난폭해지는 것이다."

인성과 예지를 바탕으로 하지 않는 용기는 위험합니다. 예리한 칼날은 삶의 유용한 도구지만 그 칼을 잘못 사용하면 치명적인 무기가 되듯 용기 역시 마찬가지입니다. 배움이 싫어 무식한 것도 문제지만, 무식한 사람이 용감하다면 더 큰 문제일 수 있습니다.

葉公問政 子曰 近者說 遠者來
섭공문정 자왈 근자열 원자래

<自로편 16장>

초나라 섭공이 정치를 물었을 때 공자께서 말씀하셨다. "가까이 있는 사람은 기뻐하고, 먼 곳의 사람은 찾아오게 하는 것입니다."

함께하는 사람들을 즐겁게 해주면 가만히 있어도 멀리에서 사람들이 찾아옵니다. 직원들에게 대우를 잘해주면 광고하지 않아도 인재들이 찾아오고, 직원이 행복한 가게는 소문내지 않아도 손님들이 찾아옵니다. 가까이 있는 사람이 먼저입니다. 가족도, 장사도, 경영도, 정치도 마찬가지입니다.

子曰 好剛不好學 其蔽也狂
자왈 호강불호학 기폐야광

양화편 8장(6)

공자께서 말씀하셨다.
"굳셈(剛)을 좋아하되 배우기를 좋아하지 않으면, 그 폐단은 거만해지는 것이다."

마음이 강직한 사람이나 굳센 사람은 말이 정직합니다. 하고 싶은 말이 있으면 마음에 담아두지 못합니다. 아첨하지 않으며 돌려 말하지도 않습니다. 그러니 남들이 보기엔 거만하게 보이기 쉽습니다. 강직한 사람도 학문을 해야 하는 이유입니다.

子曰 其身正 不令而行 其身不正 雖令不從
자왈 기신정 불령이행 기신부정 수령부종

자로편 6장

공자께서 말씀하셨다.
"그 자신이 바르면 명령하지 않아도 행해지고, 그 자신이 바르지 않으면 비록 명령해도 따르지 않는다."

리더십의 요체는 외부 이론에 있는 것이 아니라 자기 자신에게 있습니다. 리더 스스로가 바르면 어떤 이론을 적용해도 다 가능하지만, 리더 스스로가 바르지 않으면 그 어떤 리더십 이론을 적용해도 사람들은 따르지 않을 것입니다.

子曰 小子何莫學夫詩 詩可以興 可以觀 可以群 可以怨
자왈 소자하막학부시 시가이흥 가이관 가이군 가이원

(양화편 9장)

공자께서 말씀하셨다.

"젊은이들아 왜 '시'를 배우지 않느냐? 시는 감흥을 일으킬 수도 있고, 세상의 이치를 볼 수 있게 하며, 여러 사람과 어울릴 수 있게 하며, 원망을 토로할 수 있게 한다."

―――――――――――――――――――――――――――――――――――――

《시경》은 공자가 편집한 당대의 노래 가사입니다. 노래는 사람들의 지친 감정은 달래주고 즐거움을 더 크게 해줍니다. 노래는 사회의 이정표이기도 하며, 사람들의 마음을 이어주는 가교이기도 합니다. 가끔은 노래가 저항을 의미하기도 합니다. 그래서 시와 노래를 배워야 한다는 것이 공자의 가르침이었습니다.

定公問 君使臣 臣事君 如之何
정공문 군사신 신사군 여지하
孔子對曰 君使臣以禮 臣事君以忠
공자대왈 군사신이례 신사군이충

팔일편 19장

노나라 정공이 물었다.
"임금이 신하를 부리고 신하가 임금을 섬기는 데에는 어떻게 해야 합니까?"
공자께서 말씀하셨다.
"임금은 예로써 신하를 부리고, 신하는 충으로써 임금을 섬겨야 합니다."

군주가 예로써 신하를 부리면 신하는 충으로 군주를 섬기게 됩니다. 아랫사람을 예로써 대하면 아랫사람은 충심으로 윗사람을 모시게 됩니다. 팀장과 팀원의 관계도 다르지 않습니다. 팀장은 팀원을 예로써 대하고 팀원은 팀장을 충심으로 보필해야 합니다. 팀장이 먼저 기본적인 예의를 갖추어 팀원에게 마음을 다한다면, 팀원은 팀장에게 마음으로부터의 충성된 마음을 갖게 될 것입니다.

1月

도전

간절히 바라던 바를 이루고 싶다면
오늘을 뜨겁게 살아야 합니다.
언제나 내가 할 일은 딱 한 가지,
알아줄 만한 사람이 되는 것입니다.

齊景公問政於孔子 孔子對曰 君君 臣臣 父父 子子
제경공문정어공자 공자대왈 군군 신신 부부 자자

안연편 11장

제나라 경공이 공자께 정치에 관하여 묻자 공자께서 대답하셨다.

"임금은 임금답고 신하는 신하답고 아버지는 아버지답고 아들은 아들다운 것입니다."

행복한 나라는 대통령은 대통령답고, 장관은 장관답고, 시장은 시장답고, 시민은 시민다워야 합니다. 행복한 가정은 아버지는 아버지답고, 어머니는 어머니답고, 형은 형답고, 동생은 동생다워야 합니다. 발전하는 기업은 사장은 사장답고, 임원은 임원답고, 팀장은 팀장답고, 팀원은 팀원다워야 합니다. 건실한 사회는 농사꾼은 농사꾼답고, 장사꾼은 장사꾼답고, 주인은 주인답고, 고객은 고객다워야 합니다. 서열이 아니라 책임을 뜻하는 것입니다.

子曰 朝聞道 夕死可矣
자왈 조문도 석사가의

(이인편 8장)

공자께서 말씀하셨다.
"아침에 도를 들으면 저녁에 죽어도 좋다."

바른 세상이 되어 백성들로부터 살만하다는 말을 들을 수 있다면 그날 저녁에 죽어도 좋다고 했습니다. 간절히 바라던 바를 이루게 되면 더 이상의 여한이 없다는 말이며, 오늘을 뜨겁게 살았다면 내일 죽어도 여한이 없다는 외침입니다.

10月

정치

"빨리하려 하면 달성하지 못하고,
작은 이익을 보려 하면 큰일을 이루지 못한다."
공자께서 제자 자하에게 정치에 대해 일러주신 말씀입니다.

子曰 不患無位 患所以立
자왈 불환무위 환소이립

(이인편 14장(1))

공자께서 말씀하셨다.
"지위가 없음을 걱정하지 말고, 능력이 있는지를 걱정하라."

사람은 누구나 더 높고 빛나는 자리에 앉고 싶어 합니다. 사원은 대리를 꿈꾸고 과장은 부장을 꿈꾸며 부장은 임원을 꿈꿉니다. 그러나 그 자리는 언제나 한정적입니다. 그러니 지위에 대한 꿈도 중요하지만, 그 지위에 맞는 역량과 재능이 있는지를 먼저 생각하라는 공자의 현실적인 충고입니다.

曾子曰 愼終追遠 民德歸厚矣
증자왈 신종추원 민덕귀후의

학이편 9장

증자가 말했다.
"일은 그 결과를 신중히 예측하고, 그 시작을 따져 잘한다면 백성들의 덕은 너그럽고 신중해질 것이다."

일의 성공적인 결과를 얻기 위해선 그 시작이 제대로 되었는지를 살펴볼 필요가 있습니다. 시작이 반이라는 말이 있듯 시작을 제대로 하는 게 중요합니다. 학문도, 사업도 시작을 어떻게 하느냐에 달려 있습니다. 부모에게 효도하고 친구들과는 신의를 중요하게 여기는 것이 인생의 기반이 되어야 합니다. 시민 모두가 그런 마음을 갖게 된다면 그 덕은 결국 우리 모두에게 되돌아오지 않을까요?

子曰 不患莫己知 求爲可知也
자왈 불환막기지 구위가지야

(이인편 14장(2))

공자께서 말씀하셨다.
"자기를 알아주지 않음을 걱정하지 말고, 알아주게 되도록
힘써라."

알아줄 만한데 알아주지 않는 것은 상대의 문제입니다. 알아줄 만하지 않은데 알아봐 주기를 바라는
것은 욕심입니다. 알아줄 만한데 알아주는 것은 일상의 일입니다. 알아줄 만하지 않은데 알아주는
것은 이상한 일입니다. 언제나 내가 할 일은 딱 한 가지입니다. 알아줄 만한 사람이 되는 것입니다.

孔子曰 未見顏色而言 謂之瞽
공자왈 미견안색이언 위지고

계씨편 6장(3)

공자께서 말씀하셨다.
"안색을 살피지 않고 말하는 것을 눈치 없다고 한다."

윗사람을 모시거나 상사와의 관계에서도 종종 일어나는 주의할 사항입니다. 상대방의 기색을 잘 살피는 것도 큰 능력입니다. 눈치 없는 사람과 일하는 것은 위험한 경주를 함께하는 것과 같습니다. 센스도 역량입니다.

冉求曰 非不說子之道 力不足也
염구왈 비불열자지도 역부족야
子曰 力不足者中道而廢 今女畵
자왈 역부족자중도이폐 금여획

(옹야편 10장)

염구가 말했다.
"스승님의 도를 기뻐하지 않는 것은 아니지만, 힘이 부족합니다."
공자께서 말씀하셨다.
"힘이 부족한 자는 중도에서 그만두는데, 지금 너는 획을 긋고 있구나."

역부족(力不足)은 힘이 부족하다는 뜻입니다. 해보지도 않고 처음부터 어렵다 힘들다 가망 없다고 생각하는 일은 결국 그렇게 됩니다. 얇은 백짓장도 양면이 있듯 아무리 사소한 일에도 긍정적인 면과 부정적인 면이 있게 마련입니다. 긍정을 선택해야 가능성이 생기게 됩니다.

孔子曰 言及之而不言 謂之隱
공자왈 언급지이불언 위지은

계씨편 6장(2)

공자께서 말씀하셨다.
"말할 차례가 되었는데도 말하지 않는 것이니 이를 속을 숨긴다고 한다."

윗사람을 모시거나 상사와의 관계에서도 종종 일어나는 주의할 사항입니다. 마땅히 말을 해야 하는데도 불구하고, 책임지기 두려워 말하지 않거나 못하는 경우입니다. 이런 행동이 반복되면 신용에 금이 가기 시작합니다. 비겁한 겁쟁이로 인식되기가 쉽습니다.

5月

子曰 譬如爲山 未成一簣 止 吾止也 譬如平地 雖覆一簣 進 吾往也
자왈 비여위산 미성일궤 지 오지야 비여평지 수복일궤 진 오왕야

자한편 18장

공자께서 말씀하셨다.
"비유컨대 산을 만드는데 흙 한 삼태기가 모자라 중지했
다면 내가 중지한 것이며, 비유컨대 평지를 만드는데 흙
한 삼태기를 부어 진전했다면 내가 나아간 것이다."

자기 수양, 학문성취, 업무업적, 인간관계 등 많은 것이 이와 같습니다. 환경이 중요한 변수가 되기
도 하지만 결국 성취와 포기는 자신이 하는 것입니다. 한 발짝 내디딤도 내가 결정하는 것, 멈춤도
내가 결정하는 것입니다.

孔子曰 侍於君子有三愆 言未及之而言 謂之躁

공자왈 시어군자유삼건 언미급지이언 위지조

계씨편 6장(1)

공자께서 말씀하셨다.

"군자를 모시는 데 있어서 저지르기 쉬운 세 가지의 허물이 있다. 말할 차례가 되지 않았는데도 말하는 것이니 이를 조급하다고 한다."

윗사람을 모시거나 상사와의 관계에서도 종종 일어나는 주의할 사항입니다. 나서기를 좋아하는 사람은 유의해야 합니다. 말할 시기나 차례가 되지도 않았는데 조급함을 참지 못해 설레발을 치는 것입니다. 침착하지 못하면 실수를 저지를 확률이 십상입니다.

子貢曰 有美玉於斯 韞櫝而藏諸 求善賈而沽諸
자공왈 유미옥어사 온독이장저 구선가이고저
子曰 沽之哉 沽之哉 我待賈者也
자왈 고지재 고지재 아대고자야

자한편 12장

자공이 말했다.

"아름다운 옥이 있다면 궤 속에 넣어 간직하시겠습니까? 좋은 값으로 파시겠습니까?"

공자께서 말씀하셨다.

"팔아야지, 팔아야지. 나는 상인을 기다리는 사람이다."

공자는 학문에만 빠져있는 백면서생이 아니었습니다. 자신을 써줄 군주를 적극적으로 찾았습니다. 그 뜻을 이루지는 못했지만 결국엔 천하의 성인이 되었습니다. 평생 도전을 멈추지 않았던 공자의 모습을 엿볼 수 있습니다.

子曰 慢令致期謂之賊
자왈 만령치기위지적

(요왈편 2장)

공자께서 말씀하셨다.
"명령은 태만하게 하고 기한 안에 이루려는 것을 해치는
것이라 한다."

팀원에게 지시를 내릴 때는 분명하고 명확하게 지시해야 합니다. 두루뭉술하고 불분명하게 지시하면서도 납기는 칼같이 챙기고, 기한 내 이루지 못하면 불이익을 주는 팀장은 팀원을 망치는 상사입니다.

子曰 苗而不秀者有矣夫 秀而不實者有矣夫
자왈 묘이불수자유의부 수이불실자유의부

자한편 21장

공자께서 말씀하셨다.
"싹이 트였지만 꽃을 피우지 못하는 경우가 있고, 꽃은
피웠지만 열매 맺지 못하는 경우가 있구나."

어려서는 총명했으나 커서는 시원찮은 사람이 있고, 사원, 대리 때는 촉망받았으나 부장, 임원이 못
되는 사람도 있습니다. 사업도, 경력도, 학문도 모두 그렇습니다. 꾸준한 노력 없이 열매를 맺는 것은
쉬운 일이 아닙니다.

子曰 道不同 不相爲謀
자왈 도부동 불상위모

위령공편 39장

공자께서 말씀하셨다.
"도가 같지 않으면, 함께 일을 도모하지 않는다."

각자 가는 길이 다르면, 각자 생각하는 사상이 다르면, 공동으로 같이 일하기가 어렵기에 함께 일을 도모하지 않는 게 서로에게 유익합니다. 생각이 다르면 이익이 나도, 손해가 나도 서로에게 책임을 전가하기가 쉽습니다.

8

唐棣之華 偏其反而 豈不爾思 室是遠而
당체지화 편기반이 기불이사 실시원이
子曰 未之思也 夫何遠之有
자왈 미지사야 부하원지유

자한편 30장

당체꽃이 한쪽으로 기울어져 있네! 어찌 그대를 생각하지 않겠냐마는 집이 멀리 있구나. 공자께서 말씀하셨다. "생각하지 않은 것이지, 어찌 멀게 있겠는가?"

앵두꽃이 바람에 흔들리는 봄날, 사랑하는 사람이 생각나 바로 달려가고 싶지만 너무 먼 곳에 있어 갈 수 없다는 당시 노래를 듣고 공자께서는 이렇게 평가하셨습니다. "마음이 간절하다면 어찌 거리가 문제이겠는가. 거리를 핑계 대고 있구나." 핑계를 댈 수는 있지만 그것이 결코 가치 있는 것은 아닙니다.

24

子曰 君子義以爲質 禮以行之 孫以出之 信以成之 君子哉
자왈 군자의이위질 예이행지 손이출지 신이성지 군자재

위령공편 17장

공자께서 말씀하셨다.
"군자는 의를 바탕으로 삼고, 예로써 행하며, 겸손하게 말하고, 신의로써 이룬다. 그게 군자다."

리더는 정의를 행위의 바탕으로 삼고, 예로써 실천하며, 겸손하게 말하고, 신의로써 이룩하는 사람이어야 합니다. 리더는 부정을 멀리해야 합니다. 비열하게 행동해서는 안 됩니다. 교만하거나 자만하는 말을 주의해야 합니다. 자신을 믿고 타인을 믿으며 성취를 이끄는 사람이 리더입니다.

季路問 事鬼神 子曰 未能事人 焉能事鬼.
계로문 사귀신 자왈 미능사인 언능사귀

선진편 11장(1)

계로가 귀신 섬기는 일을 물었을 때 공자께서 말씀하셨다.
"사람도 제대로 섬기지 못하는데 어찌 귀신을 섬길 수 있
겠느냐?"

공자의 기본 생각은 귀신을 공경하면서도 멀리한다는 것이었습니다. 사람이 먼저라는 것이지요. 사
람도 제대로 섬기지 못하면서, 부모님도 제대로 모시지 못하면서 귀신 섬기는 일이 뭐 그렇게 시급
하냐는 반문이었습니다.

子曰 君子矜而不爭 群而不黨
자왈 군자긍이부쟁 군이부당

(위령공편 21장)

공자께서 말씀하셨다.
"군자는 긍지를 지니나 다투지 아니하고, 여럿이 어울려도 파벌을 이루지 않는다."

그만한 자격이나 능력도 없으면서 남을 우습게 아는 사람은 교만한 사람입니다. 리더는 당당한 실력과 굳은 긍지를 가지나 사람들과 다투지 않는 사람입니다. 함께 어울려 시너지를 내지만 개인적 이익을 위한 파벌을 만들지 않는 사람이 리더입니다.

季路問 敢問死 曰 未知生 焉知死.
계로문 감문사 왈 미지생 언지사

(선진편 11장(2))

계로가 물었습니다.
"감히 죽음에 관하여 묻겠습니다."
공자께서 말씀하셨다.
"삶도 잘 알지 못하는데 어찌 죽음을 알겠느냐?"

죽음의 문제가 중요하지 않다는 것이 아니라, 살아가는 인간사의 문제도 제대로 알지 못하면서 긴급하지도 않은 귀신이나 죽음 문제를 가지고 한가롭게 논할 때가 아니라는 일침입니다. "나는 세상의 문제를 풀어내기에도 바쁜데 너는 죽음의 문제가 더 긴급하다고 생각하느냐? 사람은 누구나 죽게 되어 있으니 그것은 하늘에 맡기고 우리가 할 수 있는 일에 더 집중하여 좋은 세상을 만들어내야 하지 않겠는가?"라는 말씀입니다.

孔子曰 損者三友 友便辟 友善柔 友便佞 損矣
공자왈 손자삼우 우편벽 우선유 우편녕 손의

> 계씨편 4장(2)

공자께서 말씀하셨다.
"손해가 되는 세 친구가 있으니 편벽한 친구, 부드러운 척하는 친구, 말만 잘하는 친구와 벗하면 해롭다."

성격이 괴팍한 친구, 의지가 나약한 친구, 말만 잘해 아첨을 잘하는 친구는 오랫동안 함께하기가 쉽지 않습니다. 직장에서도 마찬가지입니다. 성격이 독특한 동료나 상사는 그 비위를 맞추기가 어렵습니다. 우유부단하여 자기주장이 없는 사람 역시 함께하기 쉽지 않습니다. 행동보다 말을 늘 앞세우는 사람은 피하는 것이 상책입니다.

子曰 主忠信 徙義 崇德也
자왈 주충신 사의 숭덕야

(안연편 10장(1))

자장이 덕을 쌓는 일을 물었을 때 공자께서 말씀하셨다.
"충심과 믿음을 주로 하고 의로움을 실천하며 살아가는
것이 덕을 쌓는 것이다."

덕을 높이기 위해 어떤 수양이 필요한가를 물었을 때 공자의 가르침은 충(忠)과 신(信) 두 글자였습니다. 충은 솔직한 마음으로 최선을 다하는 것입니다. 사적이든, 공적이든 자신이 맡은 일에 정성을 다하는 마음입니다. 신은 자기를 믿고 상대를 믿는 것입니다. 인간관계에 신뢰가 빠진다면 그것은 유리공을 가지고 노는 것과 같이 위태로운 일입니다.

孔子曰 益者三友 友直 友諒 友多聞 益矣
공자왈 익자삼우 우직 우량 우다문 익의

계씨편 4장(1)

공자께서 말씀하셨다.
"도움이 되는 세 친구가 있으니 정직한 친구, 신실한 친구, 견문이 많은 친구와 벗하면 유익하다."

우직한 친구는 곧은 말을 하는 친구입니다. 우량은 성품이 너그러운 친구입니다. 우다문은 지식이 해박한 친구입니다. 직장에서도 마찬가지입니다. 자신도 모르게 잘못된 길로 빠져들고 있다면 곧은 말로써 다잡아 줄 수 있는 동료나 상사가 좋은 친구입니다. 성품이 모나지 않고 너그러운 동료나 상사와 함께 일한다면 이는 행운입니다. 필요할 때 도움이나 지원을 받을 수 있는 역량 있는 동료나 상사 역시 마찬가지입니다.

子曰 愛之欲其生 惡之欲其死
자왈 애지욕기생 오지욕기사
旣欲其生又欲其死 是惑也
기욕기생우욕기사 시혹야

안연편 10장(2)

공자께서 말씀하셨다.
"사랑하면 그 사람이 살기를 바라고, 미워지면 그 사람이 죽기를 바라는데, 그가 살기도 바라고, 죽기도 바란다면 이것이 바로 미혹이다."

흔들림과 어리석음을 변별하는 방법을 묻는 제자에게 공자께서 이른 말씀입니다. 사랑할 때는 모든 게 좋게 보여 설사 그가 잘못을 저지르더라도 너그럽게 지나가지만, 미워하게 되면 설사 그가 아무리 잘한다고 해도 무슨 수를 써서라도 그를 멀리하게 됩니다. 그것을 가리켜 미혹된 행동이라 했습니다. 그러니 어떤 일을 할 때 다른 사람보다 자기 자신에게 속지 않는 것이 더 중요합니다.

子夏曰 商聞之矣 死生有命 富貴在天 君子敬而無失
자하왈 상문지의 사생유명 부귀재천 군자경이무실
與人恭而有禮 四海之內 皆兄弟也 君子何患乎無兄弟也
여인공이유례 사해지내 개형제야 군자하환호무형제야

안연편 5장

자하가 말했다.

"생사는 운명에 달려 있고 부귀는 하늘에 달려 있다고 들었네. 군자가 공경하는 마음으로 실수가 없고, 공손하고 예의가 있다면, 온 세상 사람이 모두 다 형제인데, 군자가 어찌 형제 없음을 걱정하는가?"

다른 사람들은 모두 형제가 있는데 나만 유독 형제가 없다는 사마우의 말에 자하가 동료인 사마우에게 이른 말입니다. 비록 실제 형제는 없어도 공경하는 마음으로 실수가 없고, 공손하고 예의가 있다면, 온 세상 사람이 모두 다 형제가 될 수 있다는 위로의 조언이었습니다.

子貢問友 子曰 忠告而善道之 不可則止 無自辱焉
자공문우 자왈 충고이선도지 불가즉지 무자욕언

(안연편 23장)

자공이 벗을 사귀는 것에 관하여 묻자 공자께서 말씀하셨다.

"충심으로 일러주어 잘 인도하되 따르지 않으면 그만두어 스스로 욕을 당하지 말아야 한다."

아무리 가까운 친구 사이라 해도 충고할 때는 특히 조심해야 합니다. 충심으로 선도를 해주어야 하지만 그것을 전달하는 방법 또한 신중해야 합니다. 역으로 생각해보면 이해가 쉽습니다. 내가 친구에게 하고 싶을 말을 그로부터 듣는다고 생각해보는 것입니다.

孔子曰 父爲子隱 子爲父隱 直在其中矣
공자왈 부위자은 자위부은 직재기중의

> 지로편 18장

공자께서 말씀하셨다.
"아버지는 아들을 위하여 숨겨주고 아들은 아버지를 위하여 숨겨주는데 그 가운데 곧음이 있습니다."

초나라 대부였던 섭공이 공자께 "우리 마을에 곧은 사람이 있습니다. 그의 아버지가 양을 훔쳤는데 아들이 그것을 증언했습니다"라고 말했습니다. 이에 공자께서는 "우리 마을의 곧은 사람은 이와 다릅니다. 아버지는 아들을 위하여 숨겨주고 아들은 아버지를 위하여 숨겨주는데 그 가운데 곧음이 있습니다"라고 말씀하셨습니다. 아버지가 자식을 보호해주고, 자식이 아버지를 비호해주는 것은 법을 뛰어넘는 인륜의 가치입니다. 이런 지고의 가치를 가지고 있는 사람이라면 곧지 않을 수가 없다는 뜻입니다.

曾子曰 君子以文會友 以友輔仁
증자왈 군자이문회우 이우보인

안연편 24장

증자께서 말씀하셨다.
"군자는 학문을 통해 벗을 사귀고, 벗을 통해 인의 행함을 돕는다."

리더는 학문 과정을 통해 친구를 만납니다. 학교를 통해 친구를 만나고, 직장을 통해 인생의 벗을 사귀게 되고, 특별한 교육과정을 통해 특별한 사람을 벗으로 만들게 됩니다. 그 벗들과 함께 부대끼면서 서로를 이해하고 용서하고 포용하는 방법을 배우게 됩니다.

子曰 孝哉閔子騫 人不間於其父母昆弟之言
자왈 효재민자건 인불간어기부모곤제지언

선진편 4장

공자께서 말씀하셨다.
"효성스럽구나! 민자건이여! 사람들이 그의 부모 형제
의 말에 대하여 이의를 제기하지 않는구나."

민자건은 효성으로 유명한 공자의 제자였습니다. 계모의 박대가 심했으나 민자건은 도리어 그
계모를 감동시켰습니다. 주변 사람들이 그 계모를 비난했지만 민자건은 그 말에 흔들리지 않았
습니다. 결국 민자건의 효심에 계모의 마음이 풀어져 좋은 관계가 되었다고 합니다. 이에 공자
께서 민자건의 효심을 칭찬했습니다.

樊遲問仁 子曰 居處恭 執事敬 與人忠
번지문인 자왈 거처공 집사경 여인충

자로편 19장

번지가 인에 관하여 묻자 공자께서 말씀하셨다.
"일상생활에서는 언행을 공손히 하고, 일에서는 책임을
다하며, 사람과의 관계에서는 충심을 다해야 한다."

공자께서는 제자의 처지에 맞게 가르치셨습니다. 번지라는 제자가 인을 실천하는 방법을 묻자 평소
말과 행동을 공손히 하는 것이 인이며, 맡은 일에는 책임감으로 최선을 다하는 것이 인이며, 충심을
다해 인간관계를 유지하는 것을 인이라 일렀습니다.

子曰 出則事公卿 入則事父兄 喪事不敢不勉
자왈 출즉사공경 입즉사부형 상사불감불면
不爲酒困 何有於我哉
불위주곤 하유어아재

자한편 15장

공자께서 말씀하셨다.
"나가서는 공경을 섬기고, 들어오면 부형을 섬기며, 장례는 정성을 다해 치르며, 술에 휘둘림이 없어야 한다. 이런 일 중에 어느 것을 내가 제대로 하는가."

회사에서는 경영진이나 상사를 잘 보필하고, 집에서는 부모님과 형제자매와 잘 보내며, 경사보다는 애사에는 빠지지 않고 인사를 하고, 술로 인해 망신당하는 일이 없어야 합니다. 공자의 걱정이나 우리의 걱정이나 크게 다르지 않습니다.

子曰 愛之 能勿勞乎 忠焉 能勿誨乎
자왈 애지 능물로호 충언 능물회호

헌문편 8장

공자께서 말씀하셨다.
"사랑한다고 해서 수고롭게 하지 않을 수 있겠는가? 충
성스럽다고 하여 깨우쳐주지 않을 수 있겠느냐?"

자식이 아무리 사랑스러워도 따끔하게 가르쳐야 할 때가 있습니다. 진심으로 대하는 직원일지라도
잘못했을 때는 분명하게 깨우쳐주어야 합니다. 늘 좋게만 받아준다면 그것은 아이를 잘못되게 하
고, 직원을 망치는 지름길입니다.

有子曰 君子務本 本立而道生 孝弟也者 其爲仁之本與
유자왈 군자무본 본립이도생 효제야자 기위인지본여

학이편 2장(2)

유자가 말했다.

"군자는 근본에 힘을 써야 하니, 근본이 제대로 서야 도(道)가 생기는 법이다. 효도와 우애는 인을 행하는 근본이리라."

유약(유자)의 말이 이어집니다. "그러니 리더를 꿈꾼다면 우리는 기본에 충실해야 합니다. 근본이 서야 인생의 도가 생기는 것이기 때문입니다. 그래서 이 효도와 우애를 인(仁)의 근본이라 말할 수 있는 것입니다."

子曰 其言之不怍 則爲之也難
자왈 기언지부작 즉위지야난

헌문편 21장

공자께서 말씀하셨다.
"자신의 말에 부끄러움을 느끼지 않는다면, 그 일을 해 내기는 어렵다."

작은 머뭇거림이나 얼굴색 하나 변하지 않고 장담하는 사람치고, 자신의 말에 끝까지 책임지는 사람은 드뭅니다. 정치인은 말할 것도 없고 리더 중에도 그런 사람이 적지 않습니다. 그러니 늘 행동보다 앞서는 말을 부끄러워할 줄 알아야 합니다.

有子曰 其爲人也孝弟而好犯上者鮮矣
유자왈 기위인야효제이호범상자선의
不好犯上而好作亂者 未之有也
불호범상이호작란자 미지유야

학이편 2장(1)

유자가 말했다.
"그 사람됨이 효도하고 우애하면서 윗사람을 범하기 좋아
하는 경우는 드물다. 윗사람 범하기를 좋아하지 않는 사람
이 난(亂)을 일으키기 좋아하는 경우는 일찍이 없었다."

공자의 제자인 유약(유자)이 말합니다. "사람들이 스승님의 인(仁)을 이해하기 어렵다고들 하시
는데, 인은 결코 어렵거나 멀리 있는 것이 아닙니다. 인은 어떤 특별한 것이라기보다는 부모님
께 효도하고 형제들과 사랑하며 지내는 것을 말함입니다. 제가 알기로 무릇 그 사람 됨됨이가 부
모에게 효도하고 동생을 사랑하며 형을 공경하는 사람치고, 윗사람에게 대들거나 윗사람을 범
하는 경우는 거의 없습니다. 윗사람에게 함부로 하지 않는 사람이 국가나 조직을 어지럽게 하는
경우를 저는 지금껏 본 적이 없습니다."

4月 — 18

子貢方人 子曰 賜也 賢乎哉 夫我則不暇
자공방인 자왈 사야 현호재 부아즉불가

헌문편 31장

자공이 다른 사람을 비평하자 공자께서 말씀하셨다.
"사야, 모든 사람이 현인이기를 바라느냐? 나는 남을 비평할 틈이 없다."

자공(子貢)은 언변과 외교술이 뛰어난 제자였습니다만 종종 사람들을 비교 평가하기를 좋아했습니다. 이에 공자께서 자공에게 다른 사람을 평가하고 비판하는 데 시간을 쓰지 말고 자신에게 더 집중하라 조언했습니다.

子曰 臨之以莊則敬 孝慈則忠 擧善而教不能則勸
자왈 임지이장즉경 효자즉충 거선이교불능즉권

위정편 20장

공자께서 말씀하셨다.
"장엄하게 임하면 백성이 존경할 것이며, 효도하고 인자하면 백성들이 충성할 것이며, 선한 사람을 등용하여 불선한 사람을 가르치면 백성들은 서로 선을 권장하게 될 것이다."

직원들을 진심과 성심으로 대한다면 직원들은 존경하는 마음으로 경영자를 대할 것입니다. 경영자가 솔선수범하여 리더들을 잘 이끌고 아랫사람들을 사랑으로 대해준다면 직원들은 충심으로 일할 것입니다. 경영자가 리더다운 리더를 채용하여 조직을 이끌게 하고 직원들의 교육에 힘을 쓰게 한다면 성공적인 기업으로 오랫동안 남을 것입니다.

子張問行 子曰 言忠信 行篤敬 雖蠻貊之邦
자장문행 자왈 언충신 행독경 수만맥지방
行矣 言不忠信 行不篤敬 雖州里 行乎哉
행의 언불충신 행부독경 수주리 행호재

위령공편 5장

자장이 품행에 관하여 물었을 때 공자께서 말씀하셨다.
"말이 성실하고 신의가 있고 행동이 독실하고 공경스럽
다면 오랑캐의 나라에서라도 통할 것이나, 말에 성실함
과 신의가 없고, 행동이 독실하지 않고 공경함이 없다면
비록 자기 고장이라 할지라도 통하지 못할 것이다."

적극적인 성격을 가지고 있는 자장이었기에 공자는 이렇게 조언했습니다. 공자의 가르침대로 말
에는 언제나 책임과 신뢰를 기반으로 하며, 행동에는 언제나 독실하고 공경스러움이 묻어나야 할
것입니다.

子曰 弟子 入則孝 出則弟
자왈 제자 입즉효 출즉제

학이편 6장

공자께서 말씀하셨다.
"젊은이는 집에서는 효도하고 밖에서는 공손해야 한다."

집에서는 부모님께 효를 다하고 밖에서는 어른들을 공손하게 대한다면 그로 인한 혜택은 모두 그 자신에게 돌아갑니다. 부모님께 불효하고 밖의 어른들께 불손한 행동을 한다면 그 피해는 오로지 그 자신에게 돌아옵니다. 세상은 모두 나 하기 나름입니다.

子曰 可與言而不與之言 失人
자왈 가여언이불여지언 실인
不可與言而與之言 失言 知者 不失人 亦不失言
불가여언이여지언 실언 지자 불실인 역불실언

(위령공편 7장)

공자께서 말씀하셨다.
"함께 이야기할 만한데도 말하지 않는다면 사람을 잃는
것이다. 더불어 이야기할 만하지 않은데도 말을 한다면
말을 잃게 된다. 지혜로운 사람은 사람도 잃지 않고 말도
잃지 않는다."

말할 사람에게는 말을 하고, 말하지 않을 사람에게는 말하지 않아야 합니다. 말을 해야 할 사람에게 말을 하지 않으면 그가 서운하게 생각하여 그와 멀어지게 되기 쉽습니다. 말하지 않아야 할 사람에게는 말을 하면 헛고생만 하게 됩니다. 이렇듯 사람을 제대로 알아볼 수 있는 식견이 있어야 지혜로운 사람에 가까워질 수 있습니다.

子曰 子生三年 然後免於父母之懷 夫三年之喪 天下之通喪也
자왈 자생삼년 연후면어부모지회 부삼년지상 천하지통상야

양화편 21장(2)

공자께서 말씀하셨다.
"자식이 태어나서 3년이 지난 연후에 부모의 품에서 벗어 날수있다. 대체로 삼년상은 천하의 공통적인 상례이다."

지금은 삼일장으로 장례 절차가 마무리되지만, 삼년상의 유래는 이렇습니다. 어린아이는 최소 세 살은 되어야 부모의 품에서 비로소 벗어날 수 있기에 예로부터 삼년상을 정한 것은 이런 부모 의 지극한 보살핌에 대한 최소한의 보답에 지나지 않기 때문이었습니다. 아이를 키워본 부모라 면 이 지극한 3년의 애씀을 알고 있을 것입니다.

子曰 躬自厚而薄責於人 則遠怨矣
자왈 궁자후이박책어인 즉원원의

위령공편 14장

공자께서 말씀하셨다.
"자신에게는 엄중히 책망하고, 남에게는 가벼이 책망한
다면 원망을 멀리하게 된다."

자기에게는 부드러운 잣대를 대어 쉽게 용서하지만 다른 사람에게는 날카로운 잣대를 들이대 박하
게 구는 것이 세태이기에 세상엔 원망이 그치질 않습니다. 자기의 잘못은 엄히 묻고 남의 잘못을 가
볍게 묻는 사람이 리더다운 리더입니다.

11

宰我問 三年之喪 期已久矣
재아문 삼년지상 기이구의

양화편 21장(1)

재아가 물었다.
"삼년상은 기간이 너무 긴 것 같습니다."

공자의 제자였던 재아가 당시 통용되던 삼년상의 불합리성을 말하며 그 기간이 너무 길다고 스승에게 자신의 의견을 피력했습니다. 사회적인 시스템에 대해 개선안을 제안했던 것이지요. 3년 동안 아무 일도 하지 않으면서 지내게 되면 예가 틀림없이 파괴될 것이고, 3년 동안 음악을 하지 않으면 틀림없이 음악이 무너질 것이기에 삼년상이아니라 일년상을 주장했습니다.

子曰 君子不以言擧人 不以人廢言
자왈 군자불이언거인 불이인폐언

위령공편 22장

공자께서 말씀하셨다.
"군자는 말만을 근거로 사람을 천거하지 않고, 사람을 근거로 말을 버리지 않는다."

리더는 말만 듣고서 사람을 쓰지 않고, 그 사람이 마음에 들지 않는다고 해도 그가 했던 옳은 말까지 무시하지 않는 사람입니다. 리더는 말만 가지고 사람을 판단하지 않습니다. 사람만 보고 그가 했던 바른말까지 함께 버리지도 않습니다. 리더는 사람을 쓰고 평가하는 데 전문성이 있어야 하며, 바른 제안이나 의견을 골라내는 식견을 가지고 있어야 합니다.

9月 —————————— 10

子曰 吾不與祭 如不祭
자왈 오불여제 여부제

팔일편 12장

공자께서 말씀하셨다.
"제사에 참여하지 못했을 때는 제사를 지내지 않은 것과
같다."

돌아가신 부모님께 제사 지낼 때는 마치 부모님이 계신 듯이 경건한 진행이 마음을 다하는 일입니다. 신에게 제사 지낼 때는 마치 그 신이 있는 듯처럼 하는 처신하는 게 마음을 다하는 일입니다. 공자께서는 다른 사람이 준비한 제사에 참석만 하는 경우나, 제사에 직접 참여하지 못했을 때는 제사를 지내지 않은 것과 같이 생각했습니다.

子曰 巧言亂德 小不忍則亂大謀
자왈 교언란덕 소불인즉란대모

위령공편 26장

공자께서 말씀하셨다.
"교묘하게 꾸민 달콤한 말은 덕을 어지럽히고, 작은 것을 참지 못하면 큰 계책을 그르치게 된다."

말이 화려하고 달콤할수록 독이 강하다는 걸 잊어서는 안 됩니다. 그럴듯하게 꾸민 달콤한 말은 사회정의를 어지럽게 하기 쉽습니다. 일할 때는 인내와 결단으로, 사람을 대할 때는 인내와 포용으로 대해야 큰일을 그르치지 않게 됩니다.

子曰 三年無改於父之道 可謂孝矣
자왈 삼년무개어부지도 가위효의

이인편 20장

공자께서 말씀하셨다.
"아버지의 도를 3년간 고치지 않는다면 효자라 할 수 있다."

공자께서는 아버지가 돌아가셨어도 그간 아버지께서 해 오셨던 길을 따라 3년 정도만이라도 부친의 유지를 받들어 모신다면 가히 효자라 할 만하다 하셨습니다. 너무 성급하게 바꾸려 한다면 득보다는 실이 많을 것이기도 합니다. 아버지의 주변 사람에 대한 정리와 마무리도 시간을 갖고 천천히 해야 원활하게 정리될 것입니다.

子曰 當仁 不讓於師
자왈 당인 불양어사

위령공편 35장

공자께서 말씀하셨다.
"인을 행함엔 스승에게도 양보하지 않는다."

스승이 불인하다면 스승의 뜻을 따르지 않아도 좋다는 공자의 가르침입니다. 상사의 부정한 지시는 따르지 않아도 좋다는 말이기도 합니다. 스승이나 상사를 존경하지 않아서가 아니라 인, 진리, 정의가 아니기 때문입니다.

子曰 父在觀其志 父沒觀其行 三年無改於父之道 可謂孝矣

자왈 부재관기지 부몰관기행 삼년무개어부지도 가위효의

학이편 11장

공자께서 말씀하셨다.

"아버지가 살아 계실 때는 그 뜻을 살피고, 아버지가 돌아가셨을 때는 그간 하셨던 행실을 살펴 3년 동안 아버지의 도를 고침이 없으면 효라 이를 만하다."

선한 부모의 마음을 따르는 것도 효라 할 수 있습니다. 부모가 살아계시는데도 자식 마음대로 행동한다거나, 부모의 선한 뜻에 어깃장을 놓고 부모의 마음을 아프게 하는 자식은 효자라 볼 수 없습니다. 부모가 돌아가시자마자 이제는 내 세상이라 여겨 하루아침에 부모의 흔적을 지워버린다면 그 손자는 그것을 보면서 또 무엇을 배울까요?

子曰 事君 敬其事而後其食
자왈 사군 경기사이후기식

위령공편 37장

공자께서 말씀하셨다.
"군주를 섬김에 있어서 자신의 직무를 책임 있게 수행하고, 녹봉을 받는 일은 뒤로해야 한다."

직책과 연봉, 성과와 상여금도 마찬가지입니다. 직책에 어울리는 연봉과 성과에 어울리는 상여금이면 뭐가 문제가 되겠습니까? 그런데 주는 사람은 늘 더 주는 것 같고, 받는 사람은 늘 적게 받는듯한 느낌을 받게 됩니다. 일한 만큼 주는 게 먼저일까요? 받고 싶은 만큼 일하는 게 먼저일까요? 공자의 제안은 받고 싶은 만큼 일하라, 성과와 결과를 먼저 보이라 하셨습니다.

子曰 父母之年 不可不知也 一則以喜 一則以懼
자왈 부모지년 불가부지야 일즉이희 일즉이구

이인편 21장

공자께서 말씀하셨다.
"부모님의 나이를 모르고 있어서는 안 된다. 한편으로는
기쁘고 한편으로는 두려운 것이다."

해가 바뀌는 새해와 부모님 생신날만이라도 부모님의 나이에 대해 한 번 더 생각해봐야 합니다.
부모님이 한해를 더 함께해주시니 기쁨이요, 부모님이 함께하실 날이 점점 줄어드니 두려운 마
음이 들기 때문입니다.

子曰 士志於道 而恥惡衣惡食者 未足與議也
자왈 사지어도 이치악의악식자 미족여의야

（이인편 9장）

공자께서 말씀하셨다.
"선비가 도에 뜻을 두었다 해도 허름한 옷과 거친 음식을
부끄러워한다면 이런 사람과는 도를 논할 상대가 되지
못한다."

도(道)는 사랑과 용서, 인의 길을 말합니다. 그런 인생을 살겠다고 뜻을 세운 사람이 다른 사람보다
더 좋은 옷을 입고, 더 맛있는 음식을 먹는 삶에 집중한다면 그는 이미 도를 벗어나 있는 것입니다.

子曰 父母在 不遠遊 遊必有方
자왈 부모재 불원유 유필유방

이인편 19장

공자께서 말씀하셨다.
"부모가 계시면 멀리 가지 않아야 하고, 가더라도 반드시 가는 곳을 알려야 한다."

집 나간 자식이 돌아오기 전까지 부모의 하루는 끝나지 않습니다. 알림의 수단이 예전보다 엄청 편리해졌음에도 부모의 걱정은 예나 지금이나 비슷한 이유는 어디에 있을까요?

子與人歌而善 必使反之 而後和之
자여인가이선 필사반지 이후화지

(술이편 31장)

공자께서는 남과 노래를 부를 때, 그가 잘 부르면 반드시 다시 부르게 하시고, 그런 뒤에 따라부르셨다.

중국에서 가장 오래된 노래가사집이 바로 공자가 편집했다고 전해지는《시경(詩經)》입니다. 춘추시대까지 전해 내려온 3,000여 수의 노래 중에 300여 수를 엄선하여《시경》으로 엮었습니다. 그《시경》을 채취할 때 공자의 모습을 보는 듯한《논어》어구입니다. 일상을 적으면 기록이 되고 기록이 쌓이면 문화가 됩니다.

子曰 事父母幾諫 見志不從 又敬不違 勞而不怨
자왈 사부모기간 견지부종 우경불위 로이불원

이인편 18장

공자께서 말씀하셨다.
"부모를 모실 때는 완곡하게 잘못을 간해야 한다. 설사 간을 따르지 않아도 공경하고 거스르지 말 것이며, 힘들어도 원망하지 말아야 한다."

부모도 잘못할 때가 있습니다. 혹여 옳지 않은 점이 있으면 부드럽고 온화하게 권유를 드려야 합니다. 따라주면 좋지만 설사 부모께서 따라주지 못한다 해도 부모를 원망하거나 멀리해서는 안 됩니다. 부모가 없었으면 나란 존재는 생각할 수도 없는 일입니다.

子曰 君子易事而難說也 說之不以道 不說也
자왈 군자이사이난열야 열지불이도 불열야
小人難事而易說也 說之雖不以道 說也
소인난사이이열야 열지수불이도 열야

자로편 25장(1)

공자께서 말씀하셨다.
"군자를 섬기기는 쉬워도 기쁘게 하기는 어렵다. 정당한 도리로 기쁘게 하지 않으면 기뻐하지 않기 때문이다. 소인은 섬기기는 어려워도 기쁘게 하기는 쉽다. 정당한 도리로 기쁘게 하지 않아도 그는 기뻐하기 때문이다."

리더는 원만한 성격을 가지고 있어 사람을 까탈스럽게 대하지 않습니다. 그러니 리더다운 리더와 함께 일하는 것은, 그리 어려운 일이 아닙니다. 하지만 올바른 방법으로 정말 열심히 일하지 않는다면 그 리더의 마음을 살 수 없습니다. 리더답지 못한 리더는 그 반대입니다. 요구 조건도 많고 성격도 까탈스러워 함께 일하기가 여간 어려운 일이 아닙니다. 하지만 그가 좋아하는 것을 주기만 하면 그는 금방 기뻐합니다.

孟懿子問孝 子曰 無違 生 事之以禮 死 葬之以禮 祭之以禮
맹의자문효 자왈 무위 생 사지이례 사 장지이례 제지이례

위정편 5장

맹의자가 효를 물었다. 공자께서 말씀하셨다.
"어김이 없는 것이다. 살아 계실 때에는 예로써 섬기고,
돌아가시면 예로써 장사를 치르고 예로써 제사를 지내
야 한다."

부모님이 살아 계실 때는 부유해도, 가난해도 정성을 다해 모시고, 부모님이 돌아가시면 지극한
슬픔으로 정성을 다해 장사를 치르며, 부모님의 제사가 돌아오면 정성을 다해 제사를 지내는 것
을 효라고 했습니다. 겉으로 보이는 허례허식보다 정성스러운 마음이 바로 효입니다. 예나 지금
이나 다르지 않습니다.

子曰 君子及其使人也 器之 小人及其使人也 求備焉
자왈 군자급기사인야 기지 소인급기사인야 구비언

자로편 25장(2)

공자께서 말씀하셨다.
"군자는 다른 사람에게 일을 시킬 때는 그 사람의 재능에
맞게 시키지만, 소인은 다른 사람에게 일을 시킬 때는 온
갖 재능을 다 갖추고 있기를 바란다."

리더다운 리더는 부하 사원의 역량과 실력에 합당한 업무를 주어 목표를 달성하게 하지만 리더답
지 못한 리더는 어떤 업무든 척척 해내는 부하를 원하기에 성과를 내기에 늘 힘들어합니다. 그러니
의심스러운 사람은 애초에 채용을 말고, 일단 채용한 사람은 의심하지 말라는 말도 있습니다. 적당
한 업무분장과 부단한 교육, 지도로 인재를 만들어가는 리더가 진짜 리더입니다.

子夏問孝 子曰 色難 有事 弟子服其勞 有酒食
자하문효 자왈 색난 유사 제자복기로 유주사
先生饌 曾是以爲孝乎
선생찬 증시이위효호

위정편 8장

자하가 효를 물었을 때 공자께서 말씀하셨다.
"얼굴색을 바르게 하는 것이 쉬운 일이 아니다. 일이 있을 때 자제들이 부형의 노고를 대신하고, 술과 밥이 있을 때 부형에게 드시게 하는 것, 이것만으로 효라 할 수 있겠느냐?"

싫은 기색을 보이면서 부모의 일을 도와드린다면 그것을 보는 부모의 마음이 편할까요? 찡그린 자식의 얼굴을 보면서 그 음식이 제대로 입으로 넘어갈까요?

子曰 有德者必有言 有言者不必有德
자왈 유덕자필유언 유언자불필유덕

헌문편 5장(1)

공자께서 말씀하셨다.
"덕이 있는 사람은 반드시 바른말을 하지만, 바른말을 한다고 해서 반드시 덕이 있는 것은 아니다."

덕(德)이란 인간의 도리를 행하려는 어질고 바른 마음입니다. 덕은 다음의 열 가지 마음입니다. 어진 마음의 인(仁), 의로운 마음의 의(義), 효성스런 마음의 효(孝), 우애 깊은 마음의 우(友), 충심의 충(忠), 믿음의 신(信), 너그러운 마음의 관(寬), 용서의 서(恕), 공손한 마음의 공(恭), 공경하는 마음의 경(敬)입니다. 그러니 덕이 있는 사람의 말에는 덕의 열 가지 마음이 녹아 있지만, 말 하나를 잘한다고 해서 덕의 열 가지 마음이 생기는 것은 아닙니다.

9月

2

子游問孝 子曰 今之孝者 是謂能養 至於犬馬
자유문효 자왈 금지효자 시위능양 지어견마
皆能有養 不敬 何以別乎
개능유양 불경 하이별호

위정편 7장

자유가 효에 관해 물었다. 공자께서 말씀하셨다.
"오늘날의 효는 단지 봉양을 잘하는 것을 말하는데, 개 나 말에게도 모두 먹이를 주고 있는바, 공경하는 마음이 없다면 개나 말과 어떻게 구별을 하겠는가?"

여러 가지 이유로 부모님의 곁을 떠나서 살아갈 수밖에 없지만 바쁘지도 않은데 바쁘다는 핑계로, 아프지도 않은데 아프다는 핑계로 멀리 계신 부모님께 전화 한 통 제대로 드리지 못하고 살았던 지난 시간의 보복이 고통이 되어 비수처럼 달려듭니다.

5月

균형

인생 전반은 지자(知者)의 삶으로,
인생 후반은 인자(仁者)의 삶으로 살아가는 균형이 필요합니다.

子曰 父母唯其疾之憂
자왈 부모유기질지우

위정편 6장

공자께서 말씀하셨다.
"부모는 오로지 자식이 아프지 않을까를 걱정한다."

몸이 뚱뚱했던 맹무백이 효를 물었을 때 공자께서 말씀하셨습니다. "효가 어떤 특별한 게 아니다. 부모는 자나 깨나 자식 건강을 염려하는바 건강한 몸의 유지가 바로 효의 시작이다. 제 한몸 건강도 챙기지 못하면서 무슨 효도를 논할 수 있겠는가?" 어느 집이든 저녁이면 부모는 자식을 기다립니다. 무사한 자식의 하루를 듣지 못하면 잠자리에 들지 못합니다. 그게 부모의 마음입니다. 그 마음을 헤아리는 것이 바로 효의 시작입니다.

子曰 質勝文則野 文勝質則史 文質彬彬 然後君子
자왈 질승문즉야 문승질즉사 문질빈빈 연후군자

옹야편 16장

공자께서 말씀하셨다.

"내면의 바탕이 외면의 꾸밈을 이기면 거칠고, 외면의 꾸밈이 내면의 바탕을 이기면 번지르르하다. 꾸밈과 바탕이 조화를 이룬 뒤에야 군자라고 할 수 있다."

겉과 속이 잘 조화를 이루는 사람이 바로 리더입니다. 리더의 겉모습은 품위 있는 말과 격조 있는 예의에서 완성되며, 리더의 내실은 학습과 인성으로써 만들어집니다. 사람은 겉모습보다 내면이 중요하지만, 내면의 아름다움에 적절한 외면을 갖춘다면 이가 바로 진짜 리더입니다.

9月

가정

우리는 언제나 기본에 충실해야 합니다.
근본이 서야 인생의 도가 생깁니다.
효도와 우애는 인을 행하는 근본이라 할 수 있습니다.

子曰 知者樂水 仁者樂山 知者動 仁者靜 知者樂 仁者壽
자왈 지자요수 인자요산 지자동 인자정 지자락 인자수

옹야편 21장

공자께서 말씀하셨다.
"지자는 물을 좋아하고, 인자는 산을 좋아한다. 지자는 동적이고, 인자는 정적이다. 지자는 즐겁게 살고, 인자는 오래 산다."

인생의 기준이 모호할 때 필요한 두 가지 기준이 있다면 그것은 바로 지자와 인자입니다. 지혜로운 사람, 지적 활동을 좋아하는 사람은 인생이 즐겁습니다. 인자함으로 사람을 사랑하는 사람은 편한 마음으로 살기에 오래 삽니다.

子曰 道聽而塗說 德之棄也
자왈 도청이도설 덕지기야

(양화편 14장)

공자께서 말씀하셨다.
"길에서 듣고 길에서 말하는 것은 덕을 버리는 것이다."

얼핏 들은 이야기, 지나다 주워들은 몇 조각의 이야기가 중요한 판단의 기준이 되는 경우가 종종 있습니다. 한 발 더 나가 다른 사람들에게 지대한 영향을 끼치는 정책의 기준이 되는 경우는 더 큰 문제를 만듭니다.

子曰 放於利而行 多怨
자왈 방어리이행 다원

이인편 12장

공자께서 말씀하셨다.
"이익을 따라 행동하면 원망이 많아진다."

혼자일 때는 혼자일 때의 원칙이 필요하지만 둘 이상일 때는 다른 원칙이 필요합니다. 이익만을 따라가다 보면 원망이 많아지게 됩니다. 이익과 손해만을 기준으로 사람을 사귄다면 끝내는 증오와 원한만 남게 되기 쉽습니다.

子曰 苟正其身矣 於從政乎何有 不能正其身 如正人何
자왈 구정기신의 어종정호하유 불능정기신 여정인하

자로편 13장

공자께서 말씀하셨다.
"자기 자신을 바로잡는다면 정치를 함에 무슨 문제가 있겠는가? 자기 자신을 바로잡지 못한다면 어떻게 남을 바로잡겠는가?"

정치의 시작은 수신입니다. 자기 스스로 아무런 거리낌이 없이 공명정대하다면 다른 사람을 인도하는 정치를 함에 무슨 문제 될 일이 있겠습니까? 그러니 비리와 부정으로 엮여 있다면 다른 사람을 이끄는 것에 앞서 자기 자신부터 바르게 하는 수신이 먼저입니다.

子曰 奢則不孫 儉則固 與其不孫也 寧固
자왈 사즉불손 검즉고 여기불손야 영고

(술이편 35장)

공자께서 말씀하셨다.
"사치스러우면 불손해지고, 검약하다 보면 고루하게 된다. 불손하기보다는 차라리 고루한 것이 낫다."

형편이 좋아지고 여유가 생기면 사치를 부리기가 쉽고, 사치스러운 생활을 하다 보면 다른 사람을 얕보고 무시하며 건방지고 거만하기가 쉽습니다. 검소한 생활이 몸에 배면 얼핏 고루하게 보일 수도 있습니다. 그러니 사치보다는 검약이, 불손함보다는 고루함이 차라리 더 낫다는 말씀입니다.

子曰 一朝之忿 忘其身 以及其親 非惑與
자왈 일조지분 망기신 이급기친 비혹여

안연편 21장(3)

공자께서 말씀하셨다.
"한순간의 분노로 그 자신을 잊고 나쁜 짓을 하여, 부모님에게까지 그 화가 미치게 된다면 그것이 바로 미혹됨이 아니겠느냐?"

온순하게 보이는 사람도 욱할 때가 있습니다. 한순간의 분노를 참지 못하고, 순간 욱하는 마음으로 사고를 쳐, 그 화가 본인은 물론 자신의 부모님에게까지 미치게 된다면 그것이야 말로 분별 없는 행동입니다. 욱하는 순간 제삼자의 눈으로 자신을 바라볼 수 있다면 미혹됨은 많이 줄어들 것입니다.

子絶四 毋意 毋必 毋固 毋我
자절사 무의 무필 무고 무아

(자한편 4장)

공자께서는 네 가지를 절대 하지 않았으니 무리하게 억측하지 않았고, 꼭 해야만 한다는 것도 없었고, 고집하지도 않았고, 나만 옳다고 하지도 않으셨다.

현명한 리더는 역지사지(易地思之)가 가능한 사람입니다. 내 생각, 내 행동만을 최고로 생각한다면 그는 리더다운 리더가 아닙니다. 세상엔 뜻대로 되는 일보다 되지 않는 일이 더욱 많다는 것을 안다면, 꼭 그래야만 한다는 절대적인 것은 원래 없습니다. 세상에 변하지 않는 것은 아무것도 없기 때문입니다.

子曰 攻其惡 無攻人之惡 非修慝與
자왈 공기악 무공인지악 비수특여

안연편 21장(2)

공자께서 말씀하셨다.
"자신의 나쁜 점을 공격하고, 다른 사람의 나쁜 점은 공격
하지 않는 것이 사특한 마음을 다스리는 것 아니겠느냐?"

자신의 잘못은 깊이 성찰하고 반성하지만, 다른 사람의 잘못이나 나쁜 점은 너그럽게 이해해주
는 것이 바로 자신의 간사하고 못된 생각을 다스리는 첩경입니다.

子曰 知者不惑 仁者不憂 勇者不懼
자왈 지자불혹 인자불우 용자불구

자한편 28장

공자께서 말씀하셨다.
"지자는 흔들리지 않고, 인자는 걱정하지 않으며, 용감한 자는 두려워하지 않는다."

지혜로운 사람, 지자는 미혹되지 않습니다. 사람을 제대로 볼 줄 아는 사람이 바로 지혜로운 사람입니다. 사람에 속지 않으려면 사람을 제대로 볼 수 있는 지혜가 필요합니다. 어진 사람 역시 환경과 사람에 크게 좌우되지 않기에 걱정이 없습니다. 진정한 용기를 가지고 있는 사람 역시 두려워할 것이 없습니다.

子曰 先事後得 非崇德與
자왈 선사후득 비숭덕여

안연편 21장(1)

공자께서 말씀하셨다.
"일을 우선시하고 이득을 뒤로 돌리는 것이 덕을 높이는
것 아니겠느냐?"

보수에 따라 일의 밀도를 정하는 게 아니라, 맡은 소임에 최선을 다한 후 보수를 생각하는 게 업무를 통해 덕을 높이는 방법입니다.

子曰 博學於文 約之以禮 亦可以弗畔矣夫
자왈 박학어문 약지이례 역가이불반의부

안연편 15장

공자께서 말씀하셨다.
"학문을 널리 배우고 예로써 단속한다면 바른길에서 벗어나지 않을 수 있을 것이다."

정치를 하는 사람들은 학문을 넓고 다양하게 배워야 편협된 생각에서 벗어날 수 있게 됩니다. 또한 전문분야를 선택하여 집중적으로 학습해야 합니다. 전후좌우 적절한 기준으로 스스로 단속한다면 정치의 바른길에서 벗어나지 않을 것이라 가르쳤습니다. 이는 정치뿐만 아니라 경영에도, 직장생활에도 모두 적용할 수 있는 기준입니다.

子曰 求也退 故進之 由也兼人 故退之
자왈 구야퇴 고진지 유야겸인 고퇴지

선진편 21장

공자께서 말씀하셨다.
"구는 뒤로 물러서기 때문에 나가게 한 것이고, 유는 잘 나서서 남을 이기려 하기에 물러서도록 한 것이다."

배운 것을 바로 실천해야 하는지를 물었을 때 자로에게는 "집안의 부형에게 한 번 더 물어보고 행하라" 이르시고 염구에게는 "들었으면 바로 실천하라"고 했던 이유는 염구는 사람이 소극적이라 적극적으로 나아가게 한 것이고, 자로는 평소 너무 적극적이라 한발 물러서도록 한 것이었습니다. 공자께서는 같은 사안이라고 해도 제자들의 상황에 맞게 가르침을 주었습니다.

憲問恥 子曰 邦有道 穀 邦無道 穀 恥也
헌문치 자왈 방유도 곡 방무도 곡 치야

(헌문편 1장)

원헌이 부끄러움에 관하여 물었을 때 공자께서 말씀하셨다.
"나라에 도가 있는데도 녹이나 받아먹고, 나라에 도가 없는데도 녹이나 받아먹고 지내는 것은 수치스러운 일이다."

직장에서도 마찬가지입니다. 좋은 시스템 속에서도 성과를 내지 못하면서 그저 연봉이나 받아 챙기면서 붙어있는 것은 부끄러운 일입니다. 불법 경영이 자행되고 있는 기업에서 아무런 거리낌 없이 그저 연봉을 챙기면서 붙어있는 것 역시 부끄러운 일입니다.

子夏曰 君子 信而後勞其民 未信則以爲厲己也
자하왈 군자 신이후로기민 미신즉이위려기야
信而後諫 未信則以爲謗己也
신이후간 미신즉이위방기야

자장편 10장

자하가 말했다.
"군자는 신뢰를 얻은 다음 자기 백성들을 수고롭게 하는 것이니 신뢰를 얻지 못한 상태에서 일을 시키면 백성들이 자기를 학대한다고 여기며, 신뢰를 얻고 난 다음 윗사람의 잘못을 간하는 것이니 신뢰를 얻지 못한 상태에서 간하면 윗사람이 자기를 비방한다고 생각한다."

사람과 사람의 연결고리는 신뢰입니다. 상사나 부하와의 관계도 신뢰가 먼저입니다. 아무리 가벼운 지시라도 신뢰가 바탕이 되지 않는다면 오해가 생기게 됩니다. 긍정보다는 부정적인 오해가 더 많아지기에 업무가 꼬이게 됩니다. 상사에게 하는 조언도 마찬가지입니다. 같은 말이 충언이 되기도 하고 비방으로 들릴 수도 있습니다.

子曰 士而懷居 不足以爲士矣
자왈 사이회거 부족이위사의

헌문편 3장

공자께서 말씀하셨다.
"선비가 편안하게 지낼 것만을 생각한다면, 선비라고 하기에 부족하다."

장관이 편안하게 살기만을 생각한다면 장관이라고 하기에 부족합니다. 사장이 편안하게 살기만을 생각한다면 사장이라고 하기에 부족합니다. 팀장도, 팀원도, 가장도 마찬가지입니다.

子謂子産 有君子之道四焉 其行己也恭 其事上也敬
자위자산 유군자지도사언 기행기야공 기사상야경
其養民也惠 其使民也義
기양민야혜 기사민야의

공야장편 15장

공자께서 정나라 대부였던 자산에 대해 말씀하셨다. "자산에게는 군자의 도 네 가지가 있었는데, 행동은 공손하였고, 윗사람을 섬기는 데 공경스러웠고, 백성을 돌보는 데 은혜로웠고, 백성을 부리는 데는 의로웠다."

정나라의 명재상이었던 자산(子産)은 공자가 모범으로 삼았던 군자 중의 한 사람이었습니다. 겸손하면서도 당당한 행동, 공경스러운 업무태도, 힘없는 사람들을 가엾게 여기는 인한 마음, 정의로운 공무집행과 운영을 그의 행적을 통해 배웠습니다.

子曰 邦有道 危言危行 邦無道 危行言孫
자왈 방유도 위언위행 방무도 위행언손

헌문편 4장

공자께서 말씀하셨다.
"나라에 도가 있으면 당당하게 말하고 당당하게 행동하며, 나라에 도가 없다면 당당하게 행동하되 말은 공손해야 한다."

나라에 정의가 제대로 작동된다면 시민들은 언행을 당당하게 하여 개인과 국가의 발전에 힘을 쓰면 되지만, 정의가 제대로 작동되지 못하는 나라에 살고 있다면 시민들은 언행을 조심해야 합니다. 특히 말을 가려 공손히 하지 않으면 화를 피하기 어렵기 때문입니다.

子曰 切切偲偲 怡怡如也 可謂士矣 朋友切切偲偲 兄弟怡怡
자왈 절절시시 이이여야 가위사의 붕우절절시시 형제이이

자로편 28장

공자께서 말씀하셨다.
"서로 절절하게 충고하고 격려하며 화기애애하다면 선비라고 할수 있다. 친구 간에 서로 절절하게 충고하고 격려하며, 형제간에 화기애애해야 한다."

자로가 선비에 관해 물었을 때 공자께서 이른 말씀입니다. 친구 간에는 서로 간절하게 화합하며, 화기애애 즐겁게 보낼 수 있어야 선비라 할 수 있으며, 형제간에 화기애애하게 화합하며 즐겁게 지내야 한다.

5月 ——————————— 11

子曰 貧而無怨難 富而無驕易
자왈 빈이무원난 부이무교이

헌문편 11장

공자께서 말씀하셨다.
"가난하면서 원망하지 않기는 어렵다. 부유하면서 교만
하지 않기가 차라리 쉽다."

경제적으로 궁하거나, 재능이나 역량이 남들보다 떨어진다면 부자를 원망하고 많은 재능을 가진
사람들을 시기하고 원망하게 됩니다. 교만을 참는 것은 교양이지만, 가난을 참지 못하는 건 생존
이 걸린 문제이기 때문입니다.

曾子曰 士不可以不弘毅 任重而道遠 仁以爲己任
증자왈 사불가이불홍의 임중이도원 인이위기임
不亦重乎 死而後已 不亦遠乎
불역중호 사이후이 불역원호

태백편 7장

증자가 말했다.
"선비는 뜻이 원대하고 강인하지 않으면 안 된다. 책임은 무겁고 갈 길은 멀기 때문이다. 인을 자기 책임으로 삼으니 무겁지 않겠는가. 죽은 뒤에야 그만두는 것이니 이 또한 멀지 아니한가."

사회나 국가를 이끌어나가는 리더는 그 마음과 뜻이 담대하고 강인해야 합니다. 사람을 사랑하고 사람들을 이롭게 하는 소임은 무겁기 그지없고, 평생 해야 할 일이기에 더욱 그렇습니다. 사람들은 그런 리더다운 리더가 통치하는 나라, 그런 리더다운 리더가 이끄는 조직에 몸담고 싶어 합니다.

子曰 衆惡之 必察焉 衆好之 必察焉
자왈 중오지 필찰언 중호지 필찰언

위령공편 27장

공자께서 말씀하셨다.
"많은 사람이 미워해도 반드시 살펴보아야 하고, 많은
사람이 좋아해도 반드시 살펴보아야 한다."

모두가 그를 싫어해도, 모두가 그를 좋아해도 반드시 살펴보아야 합니다. 어떠한 상황에서 판단을
해야 할 때도 마찬가지입니다. 모두가 그것을 싫어해도, 모두가 그것을 좋아해도 반드시 살펴보아
야 합니다.

子曰 文莫吾猶人也 躬行君子 則吾未之有得
자왈 문막오유인야 궁행군자 즉오미지유득

술이편 32장

공자께서 말씀하셨다.
"글이야 내가 남들과 같지 않겠는가. 그러나 몸소 군자의
도를 실천함에 있어서는 아직 제대로 하지 못하고 있다."

리더는 말이 행동을 앞서고 있지 않은지 끝없이 자기 자신을 되돌아보는 사람입니다. 지식이 많은 사람이 학자는 될 수 있어도, 행동이 그에 미치지 못한다면 리더로 서기엔 아직 부족합니다. 공자께서도 이렇게 실천이 어려운 것임을 가르치고 있습니다.

林放問禮之本 子曰 大哉問
임방문례지본 자왈 대재문
禮與其奢也 寧儉 喪與其易也 寧戚
례여기사야 영검 상여기이야 영척

(팔일편 4장)

임방이 예의 근본에 관해 물었을 때 공자께서 말씀하셨다. "좋은 질문이구나. 예는 사치스럽기보다는 오히려 검소해야 하며, 상(喪)사는 쉽게 치르기보다 오히려 슬퍼해야 한다."

남을 의식하기 시작하면 조직의 행사나 가정의 예식이 복잡하고 사치해지기 쉬우나, 나와 우리를 위한 것이기에 간소하면서도 정중하게 하는 게 더 현실적이고 좋습니다. 장례 절차 역시 마찬가지입니다. 빠름과 편안함도 필요하지만, 슬퍼하는 마음이 먼저입니다.

20

8月

有子曰 信近於義 言可復也 恭近於禮 遠恥辱也
유자왈 신근어의 언가복야 공근어례 원치욕야

학이편 13장

유자가 말했다.
"약속이 의에 가까우면 그 약속한 말을 실천할 수 있으며, 공손이 예에 가까우면 치욕을 멀리할 수 있다."

약속은 서로에게 중요한 것으로, 지키지 못할 약속은 아예 애초부터 하지 말아야 합니다. 약속하고도 지키지 못하는 이유는 서로의 약속이 올바른 것을 약속한 것이 아니기 때문입니다. 어떤 강압이나 불편한 상태에서 한 약속이라면 그 약속은 지키기가 어렵습니다. 공손한 태도 역시 비슷합니다. 지나치게 공손한 모습을 보인다면 자칫 비굴하게 보일 수도 있기에 예의범절에 맞게 공손함을 적절히 표해야 합니다. 예를 표하는 것에도 적절함과 절도가 있어야 합니다.

子曰 巧言 令色 足恭 左丘明恥之 丘亦恥之
자왈 교언 령색 주공 좌구명치지 구역치지

공야장편 24장(1)

공자께서 말씀하셨다.

"말을 잘 둘러대고 가식적인 얼굴로 비위나 맞추며, 지나치게 공손한 것을 좌구명이 부끄럽게 여겼는데, 나도 그것을 부끄럽게 여긴다."

듣기 좋은 말만 골라 교묘하게 한다면 무엇인가 원하는 것이 있기 때문입니다. 원하는 것이 크면 클수록 간과 쓸개를 모두 내놓고 다가옵니다. 예의에 어긋날 정도로 자세를 낮추고 허리를 꺾는 이유는 큰 욕심이 있기 때문입니다. 이런 사람은 조심해야 합니다.

子曰 人之生也直 罔之生也幸而免
자왈 인지생야직 망지생야행이면

(옹야편 17장)

공자께서 말씀하셨다.
"사람은 정직하게 살아야 한다. 정직하지 않게 사는 것
은 요행으로 (화를) 면한 것이다."

거짓말로 위기에서 잠시 벗어날 순 있겠지만, 그로 인한 불안과 긴장의 대가는 결코 작지 않습니다. 정직한 삶이 마음 편안한 삶입니다. 사람을 대할 때도 마찬가지입니다. 정직하지 않은 관계는 한쪽 눈으로 운전하는 것처럼 불안합니다. 부정함을 알아차린 상대와 예전과 같은 관계를 유지하기란 거의 불가능합니다. 인간관계는 대부분 고무공이 아닌 유리공에 더 가깝습니다.

子曰 匿怨而友其人 左丘明恥之 丘亦恥之
자왈 닉원이우기인 좌구명치지 구역치지

공야장편 24장(2)

공자께서 말씀하셨다.
"원한을 숨기고 그 사람과 벗하는 것을 좌구명이 부끄럽게 여겼는데, 나도 그것을 부끄럽게 여긴다."

분명히 원한을 가지고 있으면서 겉으로는 마치 아무 원한이 없는 듯 태연하게 그 사람과 교제하는 사람은 무엇인가 원하는 것이 있기 때문입니다. 혹은 마음이 너무 음흉하기 때문이기도 합니다. 이런 사람도 조심해야 합니다.

子曰 老者安之 朋友信之 少者懷之
자왈 노자안지 붕우신지 소자회지

공야장편 25장(3)

공자께서 말씀하셨다.
"노인은 편안하게 해드리고, 벗들에겐 믿음을 주고, 젊은이는 품어주고 싶다."

안연과 계로가 공자를 모시고 있을 때 자로가 공자께 어떻게 살고 싶은지를 물었을 때 공자께서 말씀하셨습니다. "노인에게는 편안함을 드리고, 벗들에겐 믿음직스러운 친구가 되며, 젊은이들은 보살펴주면서 살고 싶다." 자로의 삶도, 안연의 삶도, 공자의 삶도 모두 가치 있는 삶입니다.

子曰 吾聞之也 君子周急不繼富
자왈 오문지야 군자주급불계부

옹야편 3장

공자께서 말씀하셨다.
"내가 들은 바로는 군자는 남이 다급할 때는 도와주지만, 부자에게는 더 보태 주지 않는다 들었다."

남을 도와주려거든 도움이 가장 필요할 때 도와주어야 합니다. 공자께서는 이미 충분히 가지고 있는 부자에게는 더 줄 필요가 없다고 하셨습니다.

顏淵曰 願無伐善 無施勞
안연왈 원무벌선 무시로

공야장편 25장(2)

안연이 말했다.
"잘하는 걸 자랑하지 않고 공로는 과시하지 않으려 합니다."

안연과 계로가 공자를 모시고 있을 때 공자께서 안연에게 어떻게 살고 싶은가를 물었습니다. 이에 안연은 "제가 비록 잘하는 게 있다손 치더라도 다른 사람에게 자랑하지 않고, 공로가 있다손 치더라도 다른 사람에게 뽐내지 않으며 살고 싶습니다"라고 대답했습니다. 안연은 최선을 다하면서도 겸손하게 살고 싶어 했습니다.

子曰 誰能出不由戶 何莫由斯道也

자왈 수능출불유호 하막유사도야

(옹야편 15장)

공자께서 말씀하셨다.
"누가 문을 통하지 않고 나갈 수 있겠는가? 어찌 이 도를
따르지 않을까."

빠르고 쉬운 길을 택하고 싶은 것이 사람의 마음이지만 그 길이 정도(正道)가 아니라면 끝내 문제
가 생기고 맙니다. 잠시 한때 뜻을 이루었다고 해도 궁극에는 어려움을 겪게 됩니다. 조금 늦고 힘
이 들어도 정도(正道)를 따라 인생의 문을 열어야 합니다. 그게 궁극은 빠르고 행복한 길이라는 것
을 알게 됩니다.

子路曰 願車馬衣裘 與朋友共 敝之而無憾
자로왈 원거마의구 여붕우공 폐지이무감

공야장편 25장(1)

자로가 말했다.
"저는 거마와 가벼운 가죽옷을 벗들과 함께 쓰다가 낡아
져도 서운함이 없었으면 합니다."

안연과 자로가 공자를 모시고 있을 때 공자께서 자로에게 어떻게 살고 싶은가를 물었습니다. 이
에 자로는 "저는 멋진 옷을 입고 성능 좋은 자동차를 맘껏 타면서 세상을 돌아다니다 자동차와
가지고 있는 돈이 다 없어지더라도 서운함이 없이 친구들과 함께 즐겁게 살고 싶습니다"라고 대
답했습니다. 자로는 즐겁게 살고 싶어 했습니다.

子曰 志於道 據於德 依於仁 游於藝
자왈 지어도 거어덕 의어인 유어예

(술이편 6장)

공자께서 말씀하셨다.
"도에 뜻을 두고, 덕을 지키며, 인에서 떠나지 않고, 육예
에서 놀아야 한다."

공자는 인문교육의 네 단계를 이렇게 말합니다. 가야 할 길(道)에 대한 목표를 먼저 정해야 합니다.
그 목표에 도전하고 실천하는 행동 기준은 도덕적이어야 합니다. 또한 도전과 실천은 사물과 사람
을 사랑하는 인의 마음을 근거로 해야 합니다. 그 바탕 위에 전인 실무교육을 해야 합니다. 학문은
국영수와 같은 학문(學文)도 중요하지만, 교양과 인성 사람됨의 학문(學問)이 먼저여야 합니다.

---

* 육예(六藝) : 예(禮, 문화), 악(樂, 음악), 사(射, 군사), 어(御, 수레몰기), 서(書, 문학), 수(數, 과학)

子曰 言寡尤 行寡悔 祿在其中矣
자왈 언과우 행과회 록재기중의

위정편 18장

공자께서 말씀하셨다.
"말에 허물이 적고, 행실에 후회가 적다면, 녹봉은 그 안에 있는 것이다."

언행이 단정하고 책임감이 높으면 연봉과 지위는 저절로 따라오는 것이 순리입니다. 그렇게 하려면 앞서가는 선배나 상사에게 많이 들어야 합니다. 선배나 상사의 행동이나 행위를 많이 보고 그중에서 바르지 못한 것은 빼놓고 나머지 믿을 만한 것만 신중히 행한다면 후회가 적을 것입니다.

子曰 飯疏食飲水 曲肱而枕之
자왈 반소사음수 곡굉이침지
樂亦在其中矣 不義而富且貴 於我如浮雲
락역재기중의 불의이부차귀 어아여부운

술이편 15장

공자께서 말씀하셨다.
"거친 밥을 먹고 물을 마시며, 팔을 굽혀 베개 삼고 있어
도 즐거움은 그 가운데 있나니, 의롭지 못한 부귀는 내게
뜬구름과 같으니라."

정의롭지 못하게 얻은 부귀는 하늘에 떠다니는 뜬구름과 같다고 합니다. 가난하게 살아도 마음이
편안한 게 더 소중하다는 일임을 뜬구름이 사라지면 알게 됩니다. 권력과 금력을 통해 불법과 부정
으로 얻은 부귀공명이라면, 이를 아무리 누린다 해도 그 마음이 지옥이라면 그것은 이미 즐겁고 행
복한 삶과는 거리가 멀게 됩니다.

子曰 攻乎異端 斯害也已
자왈 공호이단 사해야이

위정편 16장

공자께서 말씀하셨다.
"이단을 공부하면 해로울 뿐이다."

정확하게 배우지 않고 들은 대로 생각하거나, 자기 마음대로 몰입하게 되면 이단에 빠지기 쉽습니다. 이단을 공부하는 것은 이득보다 해가 더 큽니다. 정설이 아닌 이단은 늘 조심해야 합니다.

子不語 怪力亂神
자불어 괴력란신

〔술이편 20장〕

공자께서는 괴이한 일, 무력을 쓰는 일, 어지러운 일, 귀신에 관한 일은 말씀하지 않으셨다.

세상이 아무리 괴이한 일, 힘자랑하는 일, 혼란하고 비상식적인 일, 사이비 종교 같은 어지러운 일이 많다고 해도 국가와 사회, 조직을 이끌어가는 리더는 이런 것에서 한발 물러나 있어야 합니다. 괴력난신에 솔선수범할 수 없다면 그는 이미 리더이기를 포기한 사람입니다. 스스로 괴력난신에 빠져 있는데 어떻게 바른 조직과 사회를 만들자고 소리칠 수 있을까요?

子曰 視其所以 觀其所由 察其所安 人焉廋哉 人焉廋哉
자왈 시기소이 관기소유 찰기소안 인언수재 인언수재

위정편 10장

공자께서 말씀하셨다.

"행하는 것을 보고, 행하는 의도를 살피며, 무엇에 편안해하는지를 살펴보면 사람이 어찌 속마음을 숨길 수 있겠는가. 어떻게 속마음을 숨길 수 있겠는가."

공자의 사람을 평가하는 기준입니다. 첫째 그가 하는 행동을 보면 어떤 사람인지 알 수 있고, 둘째 그가 걸어온 길을 살펴보면 어떤 사람인지를 알 수 있으며, 셋째 그가 무엇에 만족을 느끼는지 관찰한다면 어떤 사람인지를 알 수 있습니다. 현재 행동을 보고, 과거 행적을 살리고, 편안해하는 것을 관찰해본다면 그의 됨됨이를 숨김없이 볼 수 있습니다.

子曰 吾有知乎哉 無知也 有鄙夫問於我
자왈 오유지호재 무지야 유비부문어아
空空如也 我叩其兩端而竭焉
공공여야 아고기양단이갈언

자한편 7장

공자께서 말씀하셨다.
"내가 아는 것이 있는가? 아는 게 없다. 비천한 사람이
나에게 물으면, 선입견 없이 빈 마음으로 나는 그 문제를
묻고 일의 양단을 밝혀 결론 내준다."

누군가 질문을 해오면 답을 바로 내서 알려주는 것이 아니라, 그에게 문제의 발단과 동기를 물은
후 문제의 양면을 물어 그를 대신하여 문제를 정리해 결론을 내준다는 성인의 모습에서 겸양을 배
울 수 있습니다.

子曰 君子之於天下也 無適也 無莫也 義之與比
자왈 군자지어천하야 무적야 무막야 의지여비

이인편 10장

공자께서 말씀하셨다.
"군자는 천하의 일에 꼭 그래야만 하는 일도, 절대 해서
는 안 되는 일도 없으며 오직 의를 따를 뿐이다."

리더가 해야 할 일의 기준은 언제나 의(義)에 있습니다. 국가 지도자, 기업 경영자, 크고 작은 조
직의 리더도 모두 마찬가지입니다. 절대 기준이 있다면 그것은 바로 정의입니다.

子見齊衰者 冕衣裳者與瞽者 見之 雖少必作 過之必趨
자견자최자 면의상자여고자 견지 수소필작 과지필추

자한편 9장

공자께서는 상복을 입은 사람이나 관복을 입은 사람, 맹인을 보게 되면 비록 그가 나이가 어리다 하더라도 반드시 표정을 바꾸셨으며 그 앞을 지나게 되면 발걸음을 재촉하셨습니다.

공자께서는 위와 같은 사람을 만났을 때 얼굴빛을 바꾸고 태도를 가지런히 했습니다. 사랑하는 사람을 잃어 상복을 입은 사람을 만났을 때는 슬픔을 함께 나누어야 하기 때문입니다. 맹인과 같은 장애인을 만났을 때는 도움을 주어야 하기 때문입니다. 관복을 입은 관인을 만났을 때는 공공을 위해 일하는 사람이기 때문입니다.

子曰 君子固窮 小人窮斯濫矣
자왈 군자고궁 소인궁사람의

위령공편 1장

공자께서 말씀하셨다.
"군자라야 궁함을 견딜 수 있지만, 소인은 궁해지면 함부로 행동한다."

천하주유시 진나라와 채나라 사이에서 양식이 떨어진 적이 있었습니다. 함께 따르던 제자들은 질병으로 하나둘 쓰러지기 시작했습니다. 이때 제자인 자로가 화가 나서 공자에게 "군자도 궁할 때가 있습니까?"라고 하자 공자께서 하신 말씀입니다. "군자라야 어려움을 견딜 수 있지만, 소인은 궁해지면 함부로 행동한다."

子欲居九夷 或曰 陋 如之何 子曰 君子居之 何陋之有
자욕거구이 혹왈 루 여지하 자왈 군자거지 하루지유

자한편 13장

공자께서 구이라는 지역에 살고자 했을 때 어떤 사람이
물었다.
"누추할 터인데 어떻게 하시겠습니까?"
공자께서 말씀하셨다.
"군자가 거기에 사는데 어찌 누추할 게 있겠는가."

요즘 귀농을 계획하고 있는 사람들의 걱정이 적지 않습니다. 먼 지방이나 시골에 가면 문화생활은
어떻게 하고, 텃세는 어떻게 극복해나갈 것인가 고민스럽습니다. 하지만 리더는 극복해나가는 사
람, 변화를 주도하는 사람, 솔선수범하는 사람이기에 어떠한 환경에 놓이더라도 큰 문제가 되지 않
습니다.

子曰 富與貴 是人之所欲也 不以其道得之 不處也
자왈 부여귀 시인지소욕야 불이기도득지 불처야
貧與賤 是人之所惡也 不以其道得之 不去也
빈여천 시인지소오야 불이기도득지 불거야

이인편 5장

공자께서 말씀하셨다.
"부귀는 사람들이 원하는 것이지만, 바르게 얻은 것이 아니라면 처하지 말아야 한다. 빈천은 사람들이 싫어하는 것이지만, 바르게 벗어나는 것이 아니라면 면하려 들지 말아야 한다."

부귀공명도 올바른 방법으로 얻어야 하고, 가난하고 천함을 벗어날 때도 올바른 방법으로 벗어나야 탈이 없습니다. 부정과 비리, 권모술수를 일삼는 무늬만 리더인 사람들이 적지 않습니다. 아무리 세상이 혼탁해도 올바른 방법과 도구를 사용하는 사람이 리더다운 리더, 품격 있는 리더입니다.

子曰 吾未見好德如好色者也
자왈 오미견호덕여호색자야

자한편 17장

공자께서 말씀하셨다.
"나는 색을 좋아하듯 덕을 좋아하는 사람을 보지 못하였다."

매력적인 이성에 호감이 생기는 것은 노력하지 않아도 생기는 감정이지만 덕(德)은 사람의 도리를 행하려는 것으로 노력 없이 생기는 것이 아닙니다. 어진 마음, 의로움, 효성, 우애, 충심, 신의, 관용, 용서, 공손, 공경하는 마음이 바로 덕입니다. 덕이란 감정에 인위적인 노력을 해야 하는 것으로 그만큼 어렵습니다.

子曰 詩三百 一言以蔽之 曰思無邪
자왈 시삼백 일언이폐지 왈사무사

위정편 2장

공자께서 말씀하셨다.
"시경(詩經) 300편을 한마디로 요약하면, '생각에 사악함
이 없는 것(思無邪)'이다."

동양에서 가장 오래된 노래 가사집인《시경》은 공자께서 편찬한 것으로 전해지고 있습니다. 공자께서 300여 수의《시경》을 '사무사'라고 요약했습니다. 한 마디로 사람들 특히 리더들의 생각에 사악함을 없게 하려는 뜻이었습니다.

子曰 主忠信 毋友不如己者 過則勿憚改
자왈 주충신 무우불여기자 과즉물탄개

(자한편 24장)

공자께서 말씀하셨다.
"충과 신을 중심으로 하고, 자기만 못한 벗은 없으니 허물이 있으면 고치기를 꺼리지 말라."

세상에 나보다 못한 사람은 없다는 겸손한 마음으로 주변인들로부터의 배우기를 게을리해서는 안 됩니다. 세상 사람은 모두 나의 선생이 될 수 있습니다. 그들을 보면서 자기 스스로를 되돌아보고 자신에게 잘못이 있으면 고치기를 게을리하지 말아야 합니다.

孔子曰 不知言 無以知人也
공자왈 부지언 무이지인야

(요왈편 3장(3))

공자께서 말씀하셨다.
"말을 알지 못하면 사람을 알 수 없다."

말을 알지 못하면 상대를 알기가 어렵습니다. 말에 귀 기울이지 않는다면 상대를 온전히 이해하기가 어렵습니다. 상대를 온전히 이해하지 못한다면 그를 리드하기란 결코 쉬운 일이 아닙니다. 팔로워에 대한 리더의 귀기울임이 중요한 이유입니다.

子曰 聽訟 吾猶人也 必也使無訟乎
자왈 청송 오유인야 필야사무송호

안연편 13장

공자께서 말씀하셨다.
"송사를 처리하는 일은 나도 남과 같다. 다만 반드시 송사가 없도록 해야 한다."

재판의 목적은 사람들 사이에 분쟁을 없애고 관계를 회복시키며, 도리에 맞는 합리적인 해결을 하는 데 있습니다. 판결 이후 억울한 사람이 발생한다면 이는 송사 재판을 하는 누군가가 잘못했다는 것으로 공자는 이를 염려하셨습니다. 그리고 무엇보다 송사가 일어나지 않는 사회를 바라셨습니다.

孔子曰 不知禮 無以立也
공자왈 부지례 무이입야

요왈편 3장(2)

공자께서 말씀하셨다.
"예를 알지 못하면 일어설 수 없다."

사랑하는 사람끼리 살아도 기본적인 도덕과 규칙이 필요합니다. 관계를 맺은 사람들과 함께 살아가려면 예의와 규칙과 규범이 필요합니다. 아무 관계가 없는 사람들과 함께 살아가기 위해서는 규정과 법이 필요합니다. 사람들은 양심과 비양심을 함께 가지고 있기 때문입니다. 그러니 도덕과 예의, 규칙과 규범, 법을 모르고서는 그 어떤 사회에서도 리더가 되는 것은 어려운 일입니다.

樊遲問仁 子曰 愛人 問知 子曰 知人
번지문인 자왈 애인 문지 자왈 지인

안연편 22장

번지가 인에 관하여 물었을 때 공자께서 "사람을 사랑하는 것이다"라고 하셨다. 지혜로움에 관하여 물었을 때 "사람을 알아보는 것이다"라고 하셨다.

공자의 제자 교육법은 맞춤형 교육이었습니다. 번지라는 제자에게는 사람을 사랑하는 것을 인(仁)이라 했고, 사람을 알아보는 게 지(知)라 했습니다. 대통령이 제대로 된 인사를 장관으로 임명하는 것, 사장이 제대로 된 인사를 임원으로 승진시키는 것, 자리에 합당한 사람을 채용하고 승진시키는 것 그것이 바로 사람을 알아보는 것입니다. 지자는 사람을 제대로 알아보는 사람입니다.

孔子曰 不知命 無以爲君子也
공자왈 부지명 무이위군자야

요왈편 3장(1)

공자께서 말씀하셨다.
"명을 알지 못하면 군자가 될 수 없다."

리더에게 가장 필요한 것은 명확한 목표입니다. 명확한 사명이나 목표 없이 팔로워를 한 방향으로
집중시키기는 거의 불가능합니다. 왜 일을 해야 하는지에 대한 분명한 이유를 정하는 일입니다.

子貢問曰 鄕人皆好之 何如 子曰 未可也. 鄕人皆惡之 何如
자공문왈 향인개호지 하여 자왈 미가야 향인개오지 하여
子曰 未可也 不如鄕人之善者好之 其不善者惡之
자왈 미가야 불여향인지선자호지 기불선자오지

자로편 24장

자공이 물었다.
"마을 사람들이 모두 그를 좋아한다면 어떻습니까?"
공자께서 말씀하셨다.
"꼭 옳은 것은 아니다."
"마을 사람들이 모두 그를 미워하면 어떻습니까?"
공자께서 말씀하셨다.
"꼭 옳은 것은 아니다. 선한 사람은 그를 좋아하고 선하지 못한 사람은 그를 미워하는 것만 못하다."

선을 사랑하고 악을 미워하는 리더가 리더다운 리더입니다. 그러니 선한 사람들은 그를 따를 것이고 악한 사람들은 그를 따르기가 쉽지 않을 것입니다. 그러니 공자께서 마을 사람들 가운데 선한 사람은 그를 좋아하고 선하지 못한 사람은 그를 미워하는 것만 못하다고 이른 것입니다.

子曰 性相近也 習相遠也
자왈 성상근야 습상원야

(양화편 2장)

자공이 물었다.
"본성은 서로 비슷하지만, 반복에 따라 서로 멀어지게
된다."

나의 천성과 본성이 가장 비슷한 사람은 아마도 형제자매일 것입니다. 비슷한 천성과 본성으로
태어났지만 50여 년 뒤 형은 성공해 있고 동생은 아직도 힘들게 살고 있다면 그 이유는 무엇일
까요? 형이 똑똑해서, 잘생겨서, 좋은 학교를 나와서일까요? 아닙니다. 어떤 일을 반복적으로
했느냐의 차이가 쌓이고 쌓여 오늘의 형과 동생을 만든 것입니다. 세상에 반복, 습관, 꾸준함을
이길 수 있는 것은 아무것도 없습니다.

子曰 辭達而已矣
자왈 사달이이의

(위령공편 40장)

공자께서 말씀하셨다.
"말은 전달할 뿐이다."

말의 목적은 뜻을 전달하는 데 있습니다. 목적지에 도착했으면 기차에서 내려야 합니다. 타고 온 열차가 아무리 안락했어도 내리지 않으면 열차의 의미는 없습니다. 말은 수단에 불과합니다. 말은 소박하고 진실해야 그 뜻을 제대로 전달할 수 있습니다.

子貢問曰 有一言而可以終身行之者乎
자공문왈 유일언이가이종신행지자호
子曰 其恕乎 己所不欲勿施於人
자왈 기서호 기소불욕물시어인

위령공편 23장

자공이 물었다.
"바르게 사는 사람으로서 평생 가져야 할 한마디 말이 있
다면 그것은 무엇입니까?"
공자께서 말씀하셨다.
"그것은 서라는 말이다. 내가 하고 싶지 않은 바를 다른
사람에게 시키지 않는 것이다."

서(恕)는 용서라는 말입니다. 짜증이 싫으면 나도 다른 사람에게 짜증 내지 않는 것, 욕 듣는 게
싫으면 나도 다른 사람에게 욕하지 않는 것, 많이 갖고 싶으면 나도 다른 사람에게 많이 주는 것,
그게 바로 '서'입니다. 수천 년 전이나 지금이나 그리고 수천 년 후에도 사람들이 잊어서는 안 될
황금률입니다.

子曰 繪事後素
자왈 회사후소

팔일편 8장

공자께서 말씀하셨다.
"그림 그리는 일은 흰 바탕이 있고 난 뒤에 된다."

자하가 《시경》의 한 대목을 공자에게 물었습니다. "보조개 지은 미소, 반짝이는 아름다운 눈동자, 흰 바탕에 고운 무늬 이루었네"가 무슨 뜻입니까? 이에 공자께서 말씀하셨습니다. "그림 그리는 일은 흰 바탕이 있고 난 뒤에 된다는 뜻이다." 이에 자하가 "예는 그 정신이 먼저이고, 예의는 그다음이라는 말씀입니까?" 모든 일은 바탕이 있고 나서야 가능하다는 회사후소(繪事後素)의 어원이 여기서 생겨났습니다.

子曰 人無遠慮 必有近憂
자왈 인무원려 필유근우
위령공편 11장

공자께서 말씀하셨다.
"멀리 생각하지 않으면, 늘 가까이에 근심이 있다."

멀리 생각하는 원려는 목표, 꿈, 비전이라는 말입니다. 목표나 꿈이 있다고 해서 일상의 근심 걱정이 없는 것은 아니지만, 그 꿈이 간절하고, 목표가 분명하다면 근심 걱정을 이겨낼 수 있기 때문입니다. 근심 걱정을 이겨내는 방법은 공자 시대나 지금이나 다르지 않습니다.

子曰 關雎 樂而不淫 哀而不傷
자왈 관저 락이불음 애이불상
팔일편 20장

공자께서 말씀하셨다.
"시경 '관저' 편의 시는 즐거우면서도 지나치지 않고, 슬프면서도 마음을 상하게 하지 않는다."

음란함에 빠질 정도로 즐거움이 지나치면 곤란합니다. 몸과 마음이 상할 정도까지 슬픔에 빠지는 것도 역시 마찬가지입니다. 즐거움 때문에 혹은 슬픔 때문에 몸과 마음이 상해선 안 됩니다. 지나침은 미치지 못함과 같습니다.

子曰 富而可求也 雖執鞭之士 吾亦爲之 如不可求 從吾所好
자왈 부이가구야 수집편지사 오역위지 여불가구 종오소호

술이편 11장

공자께서 말씀하셨다.
"부라는 것이 구해서 되는 것이라면 비록 마부의 일이라
도 나 역시 하겠지만, 구해서 얻어지는 것이 아니라면 내
가 좋아하는 바를 따르겠다."

사람은 누구나 자기가 좋아하는 일을 하고 싶어 하지만, 문제는 정작 무엇을 좋아하는지 모른다
는 데 있습니다. 5년 전에도 그랬고, 지금도 그렇다면 5년 후에도 마찬가지입니다. 그러니 가장
좋아하는 것을 찾는 데 더 이상의 시간을 쓰기보다는 차선과 차 차선이라도 선택하여 앞으로 5년
동안 집중해보는 것이 더 현실적입니다. 그러면 5년 후 그 차선과 차 차선이 어쩌면 가장 좋아하
는 것으로 바뀌어 있을 수도 있기 때문입니다.

6月

리더

남이 나를 알아주지 않을까 걱정하지 않고,
스스로 훌륭한 사람이 되지 못할까 걱정하는 사람,
매일 조금씩이라도 더 나아지기를 바라며
성실히 사는 사람이 바로 리더입니다.

子曰 知之者不如好之者 好之者不如樂之者
자왈 지지자불여호지자 호지자불여락지자

옹야편 18장

공자께서 말씀하셨다.
"아는 것은 좋아하는 것만 못하고, 좋아하는 것은 즐기는 것만 못하다."

잘 알고 있는 사람은 좋아하는 사람을 이길 수 없고, 무엇을 좋아하는 사람은 즐기면서 하는 사람을 이길 수 없습니다. 인생을 아무리 잘 안다고 해도 자신의 삶을 좋아하는 사람에게는 못 미치며, 자신의 삶을 좋아해도 사랑하는 사람과 함께 삶을 즐기는 사람에게는 미치지 못합니다.

子曰 學而時習之不亦說乎

자왈 학이시습지불역열호

학이편 1장

공자께서 말씀하셨다.
"배우고 때때로 익히니 기쁘지 아니한가."

《논어》의 첫 번째 핵심 단어는 학습입니다. 학습은 2500년도 더 된 오래된 단어입니다. 리더의 첫 번째 관문이 바로 학습입니다. 먼저 스스로 서야 다른 사람을 이끌 수 있기 때문입니다. 배경 없는 사람이 일어설 수 있는 최고의 방법 역시 학습입니다. 학습은 성장의 기쁨을 주는 행복한 삶의 등뼈와도 같습니다.

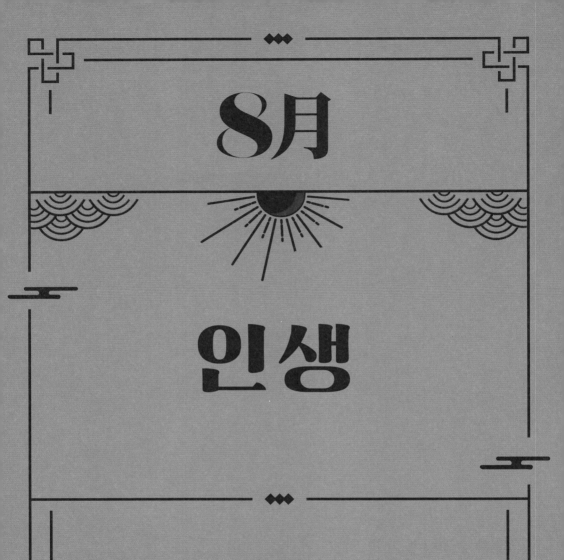

8月

인생

어떤 일을 반복적으로 했느냐의 차이가 쌓이고 쌓여
오늘의 나를 만듭니다.
세상에 반복, 습관, 꾸준함을 이길 수 있는 것은
아무것도 없습니다.

子曰 有朋自遠方來不亦樂乎

자왈 유붕자원방래불역락호

(학이편 1장)

공자께서 말씀하셨다.
"친구가 먼 곳에서 오니 즐겁지 아니한가."

《논어》의 첫 장, 두 번째 문장입니다. 두 번째 핵심 단어는 벗입니다. 사람은 사람들과 함께할 때 진짜 즐거움이 시작됩니다. 리더의 두 번째 조건은 사람들과 함께하는 것입니다. 뜻을 같이하는 사람들이라면 더욱 행복한 일이 됩니다. 사람들과 함께하는 것이 늘 즐거운 일은 아니지만 즐거운 일로 만들어내는 사람이 리더입니다. 가정이나 조직이나 마찬가지입니다.

子曰 仁者必有勇 勇者不必有仁
자왈 인자필유용 용자불필유인

(헌문편 5장(2))

공자께서 말씀하셨다.
"인한 사람은 반드시 용기가 있지만, 용기 있는 사람이라고 해서 반드시 인한 것은 아니다."

누군가를 진정으로 사랑한다면 혹은 누군가를 진정으로 가엾게 생각한다면 그를 위해 못 할 일이 없을 것입니다. 하지만 과감하게 결단하고 용감하게 행동한다고 해서 진정으로 그를 사랑하거나 가엾게 여긴다고 볼 수만은 없습니다.

子曰 人不知而不慍不亦君子乎
자왈 인부지이불온불역군자호

학이편 1장

공자께서 말씀하셨다.
"남이 알아주지 않아도 서운해하지 아니하니 군자가 아니
겠는가."

《논어》의 첫 장, 세 번째 문장입니다. 세 번째 핵심 단어는 군자입니다. 사람은 사람들과 함께할 때 진짜 즐거움이 시작됩니다. 리더의 세 번째 조건은 주도성입니다. 다른 사람들이 알아주든 알아주지 않든, 자신과 조직의 목표를 위해 흔들림이 없어야 합니다. 남들이 알아주지 않더라도 노여워하거나 서운해하지 않는 건강한 마음을 가지고 있어야 합니다. 일희일비하지 않고 사람을 품어주는 그런 사람이 바로 리더입니다.

30

子曰 君子 貞而不諒
자왈 군자 정이불량

(위령공편 36장)

공자께서 말씀하셨다.
"군자는 올곧지만, 자신의 믿음만을 고집하진 않는다."

리더는 곧은 성품으로 정의의 원칙을 지키는 사람이지, 자신의 이익을 위해 원칙을 어겨가면서
까지 좌고우면하는 사람이 아닙니다.

21

子貢問君子 子曰 先行其言 而後從之
자공문군자 자왈 선행기언 이후종지

위정편 13장

자공이 군자는 어떤 사람인가를 묻자 공자께서 말씀하셨다.
"그 말을 먼저 행한 후에 그것을 따르게 하는 사람이다."

군자는 자신의 말에 책임을 지는 리더입니다. 결과를 가지고 말해야 신뢰받을 수 있습니다. 하고 싶은 말을 먼저 실천하고, 그것을 기반으로 다른 사람을 따르게 하는 사람이 리더입니다. 솔선수범이 사람들을 이끄는 힘입니다.

子曰 如有周公之才之美 使驕且吝 其餘不足觀也已
자왈 여유주공지재지미 사교차린 기여부족관야이

태백편 11장

공자께서 말씀하셨다.
"만일 주공과 같은 아름다운 재주를 지녔어도, 교만하고
인색하다면 그 나머지는 볼 것이 없다."

리더로 오래 남고 싶다면 버려야 할 것이 두 가지입니다. 교만함과 인색함입니다. 아무리 능력
과 재능이 출중해도 교만하고 인색한 리더 곁에는 사람들이 오래 남지 않습니다.

子曰 君子求諸己 小人求諸人
자왈 군자구저기 소인구저인

위령공편 20장

공자께서 말씀하셨다.
"군자는 자기에게서 찾고, 소인은 남에게서 찾는다."

리더는 실수나 실패의 원인을 자기 자신에게서 찾으려 노력하지만, 보통 사람들은 자기가 아닌 다른 사람에게서 찾으려 합니다. 따라서 리더는 실수나 실패를 줄여가지만, 보통 사람은 실수나 실패를 반복하는 우를 범하게 됩니다. 남에게 충고하는 일은 쉬운 일이지만 스스로를 아는 일은 어려운 일입니다.

樊遲問知 子曰 務民之義 敬鬼神而遠之 可謂知矣
번지문지 자왈 무민지의 경귀신이원지 가위지의

옹야편 20장(1)

번지가 지혜에 관해 묻자, 공자께서 말씀하셨다.
"정치 지도자의 도리는 귀신을 공경하되 멀리하는 것이다. 그러면 지혜롭다 할 수 있을 것이다."

번지라는 제자가 정치에 종사하는 리더의 지혜를 물었습니다. 아무리 귀신을 정치에 끌어들였던 고대였지만 정치를 하는 관료들은 귀신의 문제도 중요하지만, 더 중요한 것은 사람의 문제이기에 귀신을 위주로 해서는 안 된다는 말이었습니다. 정치, 교육, 국방, 사회의 모든 문제는 사람의 문제이기에 귀신을 공경은 하되 멀리하라 했습니다.

子曰 君子喩於義 小人喩於利
자왈 군자유어의 소인유어리

(이인편 16장)

공자께서 말씀하셨다.
"군자는 의리에 밝고 소인은 이익에 밝다."

의리와 이익을 함께 선택하는 것이 최고의 방법이지만 세상에 그런 일은 거의 없습니다. 리더는 선택의 기준이 정의에 있지만, 보통 사람들은 손익에 있습니다. 그러니 개인의 이익에 더 손이 간다면 리더의 자리에서 내려오는 것이 모두를 위한 길입니다.

子曰 我未見好仁者 惡不仁者
자왈 아미견호인자 오불인자

(이인편 6장)

공자께서 말씀하셨다.
"나는 인을 좋아하는 사람과 불인을 미워하는 사람을 보지 못하였다."

예나 지금이나 사람 사는 모습은 큰 차이가 없어 보입니다. 사람을 사랑하면서 도덕적인 행동을 하는 사람을 찾기가 어렵습니다. 나 자신이 인(仁)하다고 남이 불인한 것을 보고 이를 미워한다면 나 역시 불인한 것입니다.

7

子曰 君子上達 小人下達
자왈 군자상달 소인하달

(헌문편 24장)

공자께서 말씀하셨다.
"군자는 위로 통달하고 소인은 아래로 통달한다."

사익보다는 공익을 선택하는 사람이 리더입니다. 공공의 정의와 공공의 발전에 집중하기에 리더는 점점 더 발전하지만, 개인의 이익에 따라 움직이다 보면 갈등과 경쟁을 피하기가 어려워 점점 더 궁해집니다.

子曰 苟志於仁矣 無惡也
자왈 구지어인의 무오야

이인편 4장

공자께서 말씀하셨다.
"진실로 인에 뜻을 둔다면, 누군가를 미워함이 없다."

인에 뜻을 두고 있다면 상대를 미워할 수 없습니다. 팀장이 팀원의 입장이 되고, 팀원이 팀장의 입장이 되면 서로를 미워하기가 어려울 것입니다. 진실로 사장이 손님 입장이 되고 손님이 사장 입장이 되는 것, 공직자는 시민 입장이 되고 시민은 공직자 입장이 되는 것, 부자는 빈자의 입장이 되고 빈자는 부자의 입장이 되는 것, 바로 그것이 인(仁)을 실천하는 시작입니다.

子曰 君子周而不比 小人比而不周
자왈 군자주이불비 소인비이불주

위정편 14장

공자께서 말씀하셨다.
"군자는 두루 대하며 비교하지 않지만, 소인은 비교하면서 두루 대하지 않는다."

구성원을 평등하게 대해야 리더입니다. 누군가를 차별하고 있다면 그는 아직 리더의 자질이 부족한 사람입니다. 공평하게 대해야 리더입니다. 편을 가르고 공평하게 대하지 않는다면 리더로서 아직 부족한 사람입니다.

子曰 惟仁者能好人 能惡人
자왈 유인자능호인 능오인

이인편 3장

공자께서 말씀하셨다.
"인한 사람만이 사람을 좋아할 수 있고, 사람을 미워할 수 있다."

어떤 이익이 없더라도 다른 사람을 사랑할 수 있는 사람, 어떤 손해가 있더라도 다른 사람을 미워할 수 있는 사람이 바로 인(仁)의 수양이 되어 있는 사람입니다. 큰 잘못이 있다면 그저 감싸주기보다는 그 행위를 미워하는 마음으로 그를 대해야 합니다. 그래야 그도 살고, 가족도 살고, 회사도 살고, 국가도 살게 됩니다. 인한 사람만이 공정하게 사람을 좋아할 수 있고, 공정하게 사람을 미워할 수 있습니다.

子曰 君子病無能焉 不病人之不己知也
자왈 군자병무능언 불병인지불기지야

위령공편 18장

공자께서 말씀하셨다.
"군자는 무능을 병으로 여기지, 다른 사람이 자기를 알아주지 않음을 병으로 여기지 않는다."

칭찬하는 데는 인색하면서도 다른 사람의 칭찬에는 갈증을 느끼고 있거나 다른 사람의 인정에 목말라하고 있다면 그는 보통 사람입니다. 리더는 반대입니다. 남이 나를 알아주지 않음을 걱정하지 않고 자신의 능하지 못함을 걱정합니다.

子曰 不仁者不可以久處約 不可以長處樂 仁者安仁 知者利仁

자왈 불인자불가이구처약 불가이장처락 인자안인 지자리인

이인편 2장

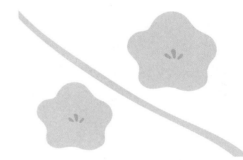

공자께서 말씀하셨다.
"인하지 못한 자는 어려움에도 오래 처하지 못하고, 즐거움에도 오래 처하지 못한다. 인자는 인을 편안히 여기고, 지자는 인에서 이로움을 취한다."

우리는 사랑하는 사람을 위해서라면 그 어떤 고난도 마다하지 않습니다. 사랑하는 사람과 함께라면 행복한 시간은 끝이 없습니다. 경영과 영업의 기본은 사람에 대한 마음입니다. 고객을 사랑하는 마음, 직원을 사랑하는 마음, 국민을 사랑하는 마음으로 성과를 낸다면 그는 지혜로운 사람입니다. 고객을 사랑하는 마음, 직원을 사랑하는 마음, 국민을 사랑하는 마음, 그 자체로 이미 행복하다면 그는 이미 어진 사람입니다.

子曰 君子疾沒世而名不稱焉
자왈 군자질몰세이명불칭언

위령공편 19장

공자께서 말씀하셨다.
"군자는 죽은 후에 이름이 일컬어지지 않는 것을 두려워
한다."

매일매일 조금씩이라도 더 나아지기를 바라면서 충실하게 살아가는 사람, 자신이 다른 사람에게
알려질 만큼 훌륭하게 되지 못할까를 걱정하는 사람이 바로 리더입니다.

子曰 里仁爲美 擇不處仁 焉得知
자왈 리인위미 택불처인 언득지
(이인편 1장)

공자께서 말씀하셨다.
"인(仁)에 안주하는 것은 아름다운 것이니, 인에 처하는 것을 택하지 않는다면 어찌 지혜롭다 할 수 있겠는가."

인(仁)은 사람(人) 둘(二)이 모인 모양입니다. 두 사람이 조화롭고 행복한 것이 바로 인(仁)입니다. 대부분의 갈등이나 싸움은 둘 이상부터 발생합니다. 둘 간의 문제만 슬기롭게 해결할 수 있다면 아마 세상 문제 대부분은 해결될 것입니다. 인으로 해결 못 할 문제는 없습니다. 인을 선택하는 것이 지혜로운 일입니다.

子曰 君子和而不同 小人同而不和
자왈 군자화이부동 소인동이불화

자로편 23장

공자께서 말씀하셨다.
"군자는 화합을 잘하지만 같아지기를 바라지 않고, 소인
은 똑같아지길 바라지만 화합하지 않는다."

구성원의 다양성을 인정하면서도 명확한 비전으로 화합을 만들어내는 사람이 리더입니다. 자신
의 편익과 기호에 따라 패거리를 만들며 전체 화합을 저해하는 사람은 가짜 리더입니다.

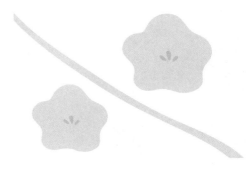

子曰 事君盡禮 人以爲諂也
자왈 사군진례 인이위첨야

[팔일편 18장]

공자께서 말씀하셨다.
"군주를 섬김에 예를 다하는 것을 사람들은 아첨한다고 하는구나."

조금만 넘쳐도 주변 사람들은 의심합니다. 기대에 미치지 못하면 미치지 못한다고 상사가 의심합니다. 공자도 그것의 어려움을 말하고 있듯이 집에서든 직장에서든 윗사람들에게 올바르게 처신하는 것은 어렵습니다. 그 본의는 어디에 있을까요? 다른 사람이 이해해주지 않더라도 자신의 변하지 않는 마음을 기준으로 삼는다면 언젠가는 모두에게 인정받는 시간이 올 것입니다.

子曰 君子泰而不驕 小人驕而不泰
자왈 군자태이불교 소인교이불태

자로편 26장

공자께서 말씀하셨다.
"군자는 태연하지만 교만하지 않고, 소인은 교만하나 태연하지 못하다."

분명한 목표와 비전으로 마음을 다잡고 있어 마음이 안정된 사람들이 리더입니다. 이들은 대체로 교만하지 않습니다. 분명한 목표가 없어 마음이 조석으로 바뀌면서 안정을 유지하기 어려운 사람들이 있습니다. 이들은 대체로 상황에 따라 교만해지기도 하고 비굴해지기도 합니다. 이를 가리켜 소인이라 칭했습니다.

子曰 人而不仁 如禮何 人而不仁 如樂何
자왈 인이불인 여례하 인이불인 여악하

팔일편 3장

공자께서 말씀하셨다.
"사람이 인하지 않으면 예가 무슨 소용이며, 사람이 인하지 않으면 음악이 무슨 소용이겠는가."

상사를 인정하지도 않으면서 존경하는 것처럼 위선적으로 행동하는 건 더 큰 문제를 만들고 맙니다. 사랑하지 않으면서 세레나데를 부르는 것은 다른 흑심이 있기 때문입니다. 서로 인정하지 않으면서 함께하는 자리를 갖는 것은 서로에게 곤욕일 뿐입니다.

子曰 君子有九思 視思明
자왈 군자유구사 시사명

계씨편 12장(1)

공자께서 말씀하셨다.
"군자는 아홉 가지를 생각해야 한다. 볼 때는 밝음을 생각하라."

리더는 색안경을 벗고 분명하고 명확하게 보아야 합니다. 검은색 안경으로 볼 수 있는 세상은 검은 세상이 전부이기 때문입니다. 편견으로 문서를 읽거나 사람을 본다면 아무리 정확한 보고서라도 마음에 들지 않을 것이며, 아무리 훌륭한 사람이라도 삐뚤어지게 보이기 때문입니다.

子曰 君子恥其言而過其行
자왈 군자치기언이과기행

(헌문편 29장)

공자께서 말씀하셨다.
"군자는 말이 행동을 넘어서는 것을 부끄러워한다."

리더는 자신의 말에 책임지는 사람입니다. 말에 책임지지 못했다면 최소한 부끄러움이라도 알
아야 반복되지 않습니다. 말에 책임도 못 지면서 부끄러움도 모르는 가짜 리더들이 많습니다.

子曰 聽思聰
자왈 청사총

계씨편 12장(2)

공자께서 말씀하셨다.
"들을 때는 총명함을 생각하라."

사람들은 종종 상대의 말을 왜곡하여 제대로 알아듣지 못하는 경우가 있습니다. 불통의 시작은 잘 듣지 않고 잘 듣지 못하는 것에서 시작합니다. 상대방의 입장으로 듣는 것 그게 바로 총명하게 듣는 것의 시작입니다.

子曰 君子欲訥於言而敏於行
자왈 군자욕눌어언이민어행
(이인편 24장)

공자께서 말씀하셨다.
"군자는 말은 어눌하게 하고 실행은 민첩하게 한다."

말은 신중하면서도 행동을 민첩하게 하는 사람이 리더입니다. 리더가 말을 잘하는 것도 중요하지만 말을 허투루 하지 않는 것이 더 중요합니다. 아홉 번 잘하다가도 한 번의 말실수로 많은 것을 잃을 수 있기 때문입니다.

子曰 色思溫
자왈 색사온

계씨편 12장(3)

공자께서 말씀하셨다.
"안색에는 온화함을 생각하라."

리더는 혼자가 아닌 여럿을 움직여 성과를 내는 사람입니다. 그러니 더 많은 사람과 일하고 싶고, 더 많은 사람과 행복한 시간을 보내고 싶다면 얼굴을 펴야 합니다. 가장의 얼굴이 온화해야 가족의 기가 살아나고, 리더의 얼굴이 온화해야 조직이 살아납니다. 얼굴을 펴야 인생이 펴집니다.

子曰 君子成人之美 不成人之惡 小人反是
자왈 군자성인지미 불성인지악 소인반시

안연편 16장

공자께서 말씀하셨다.
"군자는 다른 사람의 장점을 이루도록 해주고, 다른 사람의 단점을 이루도록 해주지 않는다. 소인은 이와 반대이다."

팀원의 장점은 키워주고 단점은 줄여주는 사람이 리더입니다. 성장에 집중하는 리더가 진짜 리더입니다. 단점을 찾아내 추궁만 하고 있다면 그는 리더가 아닙니다.

子曰 貌思恭
자왈 모사공

계씨편 12장(4)

공자께서 말씀하셨다.
"겉모습에는 공손함을 생각하라."

리더의 행동과 모습에는 공손함이 있어야 합니다. 마음과는 다르게 어깨와 머리가 자꾸 뒤로 빠져 거만하게 보이는 사람들이 있습니다. 자기보다 난 사람에게 그러는 것도 문제지만, 못난 사람에게 그러는 것은 보기 흉합니다.

子曰 驥不稱其力 稱其德也
자왈 기불칭기력 칭기덕야

헌문편 33장

공자께서 말씀하셨다.
"천리마는 그 힘을 칭송하는 것이 아니라, 그 덕을 칭송하는 것이다."

천리마는 그 강한 힘을 칭송하는 게 아니라, 잘 훈련된 유순하고 우직한 덕성 때문에 칭송을 듣는 것입니다. 좋은 역량과 힘을 어떻게 쓰느냐에 따라 명마가 될 수도 보통 말이 될 수도 있는 것입니다. 리더 역시 마찬가지입니다.

子曰 言思忠
자왈 언사충

계씨편 12장(5)

공자께서 말씀하셨다.
"말에는 진실함을 생각하라."

누군가에게 입을 열 때는 신중하고 진실해야 합니다. 지위가 올라갈수록, 나이가 많아질수록, 책임이 더 큰 자리일수록 말에는 더 큰 믿음과 신뢰가 바탕이 되어야 합니다. 차라리 지갑은 열고, 입은 닫는 것이 더 유리할 때가 많습니다.

子曰 不患人之不己知 患其不能也
자왈 불환인지불기지 환기불능야

> 헌문편 32장

공자께서 말씀하셨다.
"남이 알아주지 못함을 걱정하지 말고, 그 능하지 못함을 걱정하라"

친구의 마음을 얻어야 우정이 시작되고, 상대의 마음을 얻어야 사랑이 시작됩니다. 마음이 통해야 진정한 가족이 되고, 완전한 행복이 됩니다. 마음을 알아야 존경받는 상사, 믿음직한 부하가 됩니다. 면접관의 마음을 얻어야 채용이 되고 고객의 마음을 얻어야 좋은 성과를 낼 수 있습니다.

子曰 事思敬
자왈 사사경

계씨편 12장(6)

공자께서 말씀하셨다.
"일에는 공경함을 생각하라."

세상에 하찮은 일은 없습니다. 스스로는 하찮은 일이라 여기는 그 일도 누군가는 세상에서 가장 소중한 일로 여기고 있습니다. 가치 없는 일이나 직업은 없습니다. 단지 그 일을 맡은 본인 스스로가 가치 없는 일을 하고 있다고 생각할 뿐입니다.

司馬牛問仁 子曰 仁者其言也訒
사마우문인 자왈 인자기언야인

안연편 3장

사마우가 인을 물었을 때 공자께서 말씀하셨다.
"어진 사람은 말을 신중히 한다."

거리낌 없이 말하는 습관이 있던 제자에게 인이란 다른 게 아니라, 말을 신중히 하는 것이었습니다. 말을 천천히 하는 것이 어려운 게 아니라, 어떤 말이든 실천하기가 쉬운 일이 아니기에 말이 머뭇거려지는 것입니다.

子曰 疑思問
자왈 의사문

계씨편 12장(7)

공자께서 말씀하셨다.
"궁금하면 질문을 생각하라."

궁금한 것이 있으면 답을 줄 만한 누군가를 찾아 물어야 쉽습니다. 물어야 답이 나옵니다. 질문이
멈추면 창의력도, 성장도 멈추게 됩니다. 질문이 사라지면 발전도, 흥분도, 즐거움도 사라집니다.
불치하문(不恥下問), '아랫 사람에게 묻는 것을 부끄러워하지 말라' 공자는 반복하여 가르쳤습니다.

仲弓問仁 子曰 出門如見大賓 使民如承大祭
중궁문인 자왈 출문여견대빈 사민여승대제

안연편 2장

중궁이 인을 물었을 때 공자께서 말씀하셨다.
"대문을 나서면 큰 손님을 만난 듯이 하고, 백성을 부릴
때는 큰 제사를 받들 듯이 하여라."

인(仁)이란 사람들을 만날 때는 마치 귀한 손님을 맞이하듯 예의를 지키고 공경하는 태도와 성실함
을 보이는 것이며, 백성들을 부릴 때는 조상께 제사를 지낼 때처럼 신중하고 조심스럽게 하는 것을
말합니다.

子曰 忿思難
자왈 분사난

계씨편 12장(8)

공자께서 말씀하셨다.
"화날 때는 어려움을 생각하라."

화가 날 때 잠깐 멈출 수 있는 사람이 진짜 강한 사람입니다. 참을 수 없는 경계점에 이르렀을 때 잠깐 멈출 수 있는 사람과 멈출 수 없는 사람의 차이는 백지 한 장 차이도 안 되지만, 그 결과는 천당과 지옥의 차이만큼 커지게 됩니다. 그러니 소리 한번 지르고 지옥의 괴로움을 당할 것인가 소리 한 번 참고 천당의 분위기를 만들 것인가, 선택해야 합니다.

子曰 非禮勿視 非禮勿聽 非禮勿言 非禮勿動
자왈 비례물시 비례물청 비례물언 비례물동

안연편 1장(2)

공자께서 말씀하셨다.
"예가 아닌 것은 보지 말고, 예가 아닌 것은 듣지 말고, 예가 아닌 것은 말하지 말고, 예가 아닌 것은 하지 말아라."

예(禮)를 통해서 인(仁)을 행하는 구체적인 규범으로 네 가지를 들었습니다. 예(禮)가 아니면 보거나 듣지도 말며 말하거나 행하지 말라는 것입니다. 다른 사람에 대한 무례한 행동은 우리의 시간과 공간을 해치는 행위입니다. 그 무례함을 아는 것이 바로 예의입니다. 부끄러움은 상대에 대한 배려의 마음입니다. 배려하고 사랑하는 마음 그게 바로 인(仁)입니다.

子曰 見得思義
자왈 견득사의

계씨편 12장(9)

공자께서 말씀하셨다.
"이득을 볼 때는 의를 생각하라."

정당한 대가 없이 얻은 게 있다면 그것이 바른 일인가를 생각해봐야 합니다. 대가 없이 남에게 무엇을 받는다는 것은 십중팔구 어떤 함정일 가능성이 농후합니다.

顔淵問仁 子曰 克己復禮爲仁 爲仁由己 而由人乎哉
안연문인 자왈 극기복례위인 위인유기 이유인호재

안연편 1장(1)

안연이 인을 물었을 때 공자께서 말씀하셨다.
"자기 자신을 이기고 예로 돌아가는 것이 인이다. 인을 행하는 것이 자기 자신에게 달려 있지, 남에게 달려 있겠느냐?"

인의 수준은 다양합니다. 최고의 제자 안연이 인(仁)을 물었을 때 인이란 자기를 이겨내는 것이라 하였습니다. 자기의 욕심을 극복하고 다른 사람의 입장으로 행할 수 있는 게 인이라 했습니다. 인은 상대의 문제가 아닌 자신의 문제입니다.

子曰 君子食無求飽 居無求安
자왈 군자식무구포 거무구안
敏於事而愼於言 就有道而正焉 可謂好學也已
민어사이신어언 취유도이정언 가위호학야이

학이편 14장

공자께서 말씀하셨다.
"군자가 배부름을 구하지 않고 거처함에 편안함을 바라지 않으며, 일은 민첩하고 말은 신중하며, 도 있는 자에게 나아가 자신을 바르게 한다면, 배움을 좋아한다고 말할 수 있을 것이다."

좋은 집에서 잘사는 것만을 목표하기보다는, 업무는 민첩하게 처리하고, 말은 신중하게 하며, 앞서 간 리더를 따라 자신을 바르게 하려 노력하는 사람이 리더다운 리더, 제대로 배운 리더입니다. 공자시대의 기준이나 지금이나 별반 다르지 않습니다.

子曰 直而無禮則絞
자왈 직이무례즉교

태백편 2장(4)

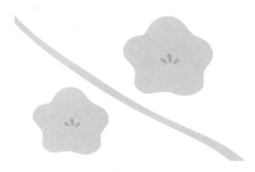

공자께서 말씀하셨다.
"강직하되 예가 없으면 너무 박한 사람이 된다."

아무리 좋은 덕목이라 해도 적절한 규범과 절차인 예(禮)가 뒷받침되지 않는다면 문제가 발생합니다. 강직하고 정직한 것은 매우 훌륭한 덕목이지만 지나치게 강직하기만 하면 융통성도 없고 꽉 막힌 박절한 사람으로만 보기 쉽습니다. 너무 강하면 관계가 끊어져 일을 그르치게 됩니다. 맺고 끊는 규범과 절차인 예가 필요한 이유입니다.

子曰 君子懷德 小人懷土 君子懷刑 小人懷惠
자왈 군자회덕 소인회토 군자회형 소인회혜

(이인편 11장)

공자께서 말씀하셨다.
"군자는 덕을 생각하나 소인은 땅을 생각하고, 군자는 법을 생각하나 소인은 혜택을 생각한다."

보통 사람들은 자신의 편안함과 이익을 중심으로 내 집, 내 땅, 내게로 오는 혜택만을 생각하면서 잘 못하고도 용서받기를 바라지만, 리더는 공익과 정의를 지키며 봉사와 덕행을 실천하는 사람입니다.

子曰 勇而無禮則亂
자왈 용이무례즉란

(태백편 2장(3))

공자께서 말씀하셨다.
"용맹스럽되 예가 없으면 난폭하게 된다."

아무리 좋은 덕목이라 해도 적절한 규범과 절차인 예(禮)가 뒷받침되지 않는다면 문제가 발생합니다. 용감한 것은 매우 훌륭한 덕목이지만 지나치게 용맹하기만 하면 사람들은 난폭한 사람으로만 보기 쉽습니다. 내적 수양이 없다면 일을 어지럽게 만들어 결국 망치게 됩니다. 맺고 끊는 규범과 절차인 예가 필요한 이유입니다.

子謂子產 有君子之道四焉 其行己也恭
자위자산 유군자지도사언 기행기야공
其事上也敬 其養民也惠 其使民也義
기사상야경 기양민야혜 기사민야의

공야장편 15장

춘추시대 정(鄭)나라 자산(子産)이라는 명재상을 두고 공자께서 말씀하셨다.
"그에게는 군자의 도(道) 네 가지가 있는바 몸가짐이 공손하였고, 윗사람을 섬김에 공경스러웠고, 백성을 돌보는 데 은혜로웠고, 백성을 부리는 데 정의로웠다."

행동은 공손하게. 상사에게는 엄숙하고 신중하게, 팀원들에게는 공감과 팀웍을, 팀원들과 함께 진행하는 업무는 공정하고 정의롭게 하는 것이 리더십의 모범이라 할 수 있습니다.

子曰 愼而無禮則葸
자왈 신이무례즉사

태백편 2장(2)

자공이 말했다.
"신중하되 예가 없으면 두렵게 보인다."

아무리 좋은 덕목이라 해도 적절한 규범과 절차인 예(禮)가 뒷받침되지 않는다면 문제가 발생합니다. 신중하게 행동하는 게 매우 훌륭한 덕목이지만 지나치게 신중하기만 하면 사람들은 용기가 없는 사람으로 혹은 매사 두려움을 느끼는 겁쟁이로 보일 수도 있습니다. 맺고 끊는 규범과 절차인 예가 필요한 이유입니다.

子曰 君子博學於文 約之以禮 亦可以弗畔矣夫
자왈 군자박학어문 약지이례 역가이불반의부

옹야편 25장

공자께서 말씀하셨다.
"군자가 학문을 널리 배우고 예로써 단속한다면, 도에서 크게 벗어나지 않을 것이다."

리더는 안으로는 부지런히 배워 지식을 넓히고, 배운 것을 상황에 맞게 활용하면서, 밖으로는 예의와 법규에 어긋나지 않는 행동을 할 수 있어야 합니다.

子曰 恭而無禮則勞
자왈 공이무례즉로

태백편 2장(1)

공자께서 말씀하셨다.
"공손하되 예가 없으면 수고스럽기만 하다."

아무리 좋은 덕목이라 해도 적절한 규범과 절차인 예(禮)가 뒷받침되지 않는다면 문제가 발생합니다. 사람들을 공손하게 대하는 게 매우 훌륭한 덕목이기는 하지만 지나치게 공손하기만 하면 고생은 고생대로 하면서도 비굴하게 보일 수도 있습니다. 맺고 끊는 규범과 절차인 예가 필요한 이유입니다.

子曰 君子坦蕩蕩 小人長戚戚
자왈 군자탄탕탕 소인장척척

(술이편 36장)

공자께서 말씀하셨다.
"군자는 마음이 평탄하며 너그럽고, 소인은 늘 걱정하고 두려워한다."

일이 잘되면 잘 됨에 즐겁고, 일이 안 되면 그것을 통해 배운 것에 감사하니 마음이 늘 한결같은 사람이 리더입니다. 일이 잘되면 잘된 일이 사라질까 걱정하고, 일이 안 되면 안 된 것에 실망하고 걱정하기에 늘 불안하다면 그는 그냥 보통 사람입니다.

子游曰 事君數 斯辱矣 朋友數 斯疏矣
자유왈 사군삭 사욕의 붕우삭 사소의

이인편 26장

자유가 말했다.
"군주를 섬김에 간언을 자주 하면 욕을 당하고, 친구에게
충고를 자주 하면 사이가 멀어진다."

상사의 잘못이나 불합리한 처사가 생길 때마다 충고한다면 자신의 의도와는 다르게 욕을 당할 수가 있습니다. 이번엔 역으로 그 어떤 경우라도 상사의 일이라면 예스맨이 되는 것도 종국엔 욕을 당할 수가 있습니다. 중용을 지키기가 어렵지만, 중용을 찾아가는 것이 삶의 지혜입니다. 그것은 가족이나 친구에게도 마찬가지입니다.

子曰 君子不憂不懼 內省不疚 夫何憂何懼
자왈 군자불우불구 내성불구 부하우하구

안연편 4장

공자께서 말씀하셨다.
"군자는 걱정하지도, 두려워하지도 않는다. 안으로 반성하여 꺼림칙한 것이 없다면, 무엇을 근심하고 무엇을 두려워하겠는가?"

마음에 거리끼는 일을 하지 않으면 밤중에 귀신이 창문을 두드려도 놀라지 않는다는 말이 있습니다. 세상 누구의 삶인들 근심, 걱정, 두려움이 없지는 않겠지만 반성과 성찰을 통해 그것을 줄여나가는 사람이 리더입니다.

子曰 德不孤 必有隣
자왈 덕불고 필유린

(이인편 25장)

공자께서 말씀하셨다.
"도덕적으로 살아가는 사람은 외롭지 않다. 반드시 뜻을 함께하는 이웃이 있다."

주변에 사람을 모이게 하는 힘은 돈 많고 잘난 사람일 수 있지만, 끝까지 사람들을 남게 하는 것은 인품과 덕이 있는 사람입니다. 한비자의 서슬 시퍼런 법술이 경영에 필요할 때도 있지만, 사람경영의 기본은 인품과 덕을 기준으로 삼아야 합니다. 사람이 있어 없는 덕이 만들어지는 것이 아니라, 덕 있는 사람 곁으로 사람들이 모여드는 것입니다.

子曰 君子而不仁者有矣夫 未有小人而仁者也
자왈 군자이불인자유의부 미유소인이인자야

(헌문편 7장)

공자께서 말씀하셨다.
"군자이면서 어질지 못한 사람이 있겠으나, 소인이면서
어진 사람은 아직 없었다."

인품이 좋은 사람도 가끔 어질지 못할 때가 있기는 하지만, 나쁜 사람인데 인자한 사람은 지금까지
없다는 공자의 말은 인(仁)한 게 쉽지 않음을 말하고 있습니다. 다른 사람을 가엾게 여기고 다른 사
람을 사랑하는 사람이 어찌 나쁜 사람이겠습니까? 그렇지 못하니 나쁜 사람이지요.

7月

5

子曰 人而無信 不知其可也 大車無輗 小車無軏 其何以行之哉
자왈 인이무신 부지기가야 대거무예 소거무월 기하이행지재

위정편 22장

공자께서 말씀하셨다.

"사람이 신의가 없으면 사람 노릇을 잘할 수 있을지 모르겠다. 큰 수레에 멍에 채가 없고 작은 수레에 멍에 갈고리 걸이가 없는 격이니, 그렇게 되면 어떻게 수레가 굴러갈 수 있겠는가."

자동차 문을 여는 스마트키가 없으면 수천만 원이 넘는 자동차도 무용지물이 됩니다. 문을 열지도 못하는데 어떻게 자동차가 굴러갈 수 있겠습니까? 믿음과 신뢰는 사람 노릇을 제대로 하게 하는 스마트키와 같은 것입니다. 인간관계에는 그런 핵심 고리가 매우 중요합니다. 신뢰라는 핵심 고리가 허술하면 만사가 물거품이 되는 경우가 많습니다.

子曰 君子道者三 我無能焉 仁者不憂 知者不惑
자왈 군자도자삼 아무능언 인자불우 지자불혹
勇者不懼 子貢曰 夫子自道也
용자불구 자공왈 부자자도야

헌문편 30장

공자께서 말씀하셨다.
"군자의 도에는 세 가지가 있는데 나는 그것을 행하지 못하고 있다. 어진 사람은 근심하지 않고, 지혜로운 사람은 미혹되지 않고, 용기 있는 사람은 두려워하지 않는다."
자공이 말했다.
"이는 선생님께서 자신에 관한 말씀을 하신 것이다."

큰 리더가 가져야 할 세 가지는 인지용(仁知勇)입니다. 용기와 지혜 그리고 배려하는 마음입니다. 일을 대함에 바르고 정의로우면 두려워할 것이 적어집니다. 상대를 알고 대하면 미혹되거나 흔들리지 않습니다. 역지사지의 마음으로 일을 대한다면 근심할 일이 적어집니다. 공자께서 리더 수양의 근거를 인지용(仁知勇)에 둔 근거입니다.

樊遲問仁 子曰 仁者先難而後獲 可謂仁矣
번지문인 자왈 인자선난이후획 가위인의

옹야편 20장(2)

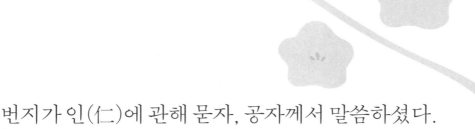

번지가 인(仁)에 관해 묻자, 공자께서 말씀하셨다.
"인자는 어려운 일을 먼저하고 얻는 것을 뒤로하니, 이러면 어질다고 할 수 있다."

어질다는 것은 다른 사람을 용서하고 배려하는 것을 말하기도 하지만, 얻는 것은 뒤로 하고 어려운 일에 솔선수범하는 것을 말하기도 합니다. 하지만 현실은 늘 반대입니다. 일하기 전에 미리 명확한 이해득실을 계산하지 못하면 멍청한 사람으로 취급당하곤 합니다. 더 큰 문제는 리더나 지도자라고 하는 사람들의 행태입니다. 일을 시작하기도 전에 자신의 권력과 정보를 이용해 자기 몫부터 두둑이 챙기기에 급급하다면 그 사람은 이미 리더가 아닙니다.

子路問君子 子曰 修己以敬 曰 如斯而已乎 曰 修己以安人
자로문군자 자왈 수기이경 왈 여사이이호 왈 수기이안인

헌문편 45장

자로가 군자에 관하여 묻자 공자께서 "자기 수양을 하여 공경스러워야 한다"라고 하셨다.
"그렇게만 하면 됩니까?"라고 하자 "자기 수양을 하여 다른 사람을 편안하게 해주어야 한다"라고 하셨다.

자기 수양을 하여 다른 사람을 편안하게 해주는 게 얼마나 어려운 일인지 공자께서는 요임금, 순임금을 들어 이렇게 말했습니다. "자기 자신의 수양으로 백성을 편안하게 해주는 것은 요임금과 순임금도 오히려 힘들어했던 일이다."

子曰 夫仁者 己欲立而立人 己欲達而達人
자왈 부인자 기욕립이립인 기욕달이달인

(옹야편 28장)

공자께서 말씀하셨다.

"인한 사람은 자기가 서고 싶으면 남을 세워 주고, 자기가 달성하고 싶으면 남을 달성하게 한다."

인(仁)은 사람을 사랑하는 마음입니다. 사람을 용서하는 마음입니다. 역지사지의 마음입니다. 자기가 서고 싶으면 다른 사람을 먼저 서게 해주고, 자기가 달성하고 싶으면 다른 사람을 먼저 달성시켜 주는 마음입니다. 팀원이 당당하게 서면 팀장은 자연히 당당해지고, 팀원이 먼저 실적을 달성하게 도와주면 팀장의 실적은 자연히 달성되는 이치입니다.

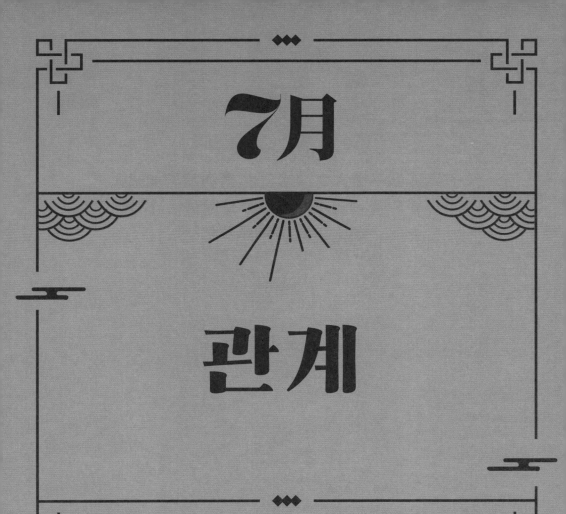

7月

관계

관계를 푸는 핵심기술은 바로 '역지사지'입니다.
자기가 서고 싶으면 다른 사람을 먼저 서게 해주고,
자기가 달성하고 싶으면 다른 사람을 먼저 달성시켜주는
마음이 역지사지의 마음입니다.

子貢曰 我不欲人之加諸我也 吾亦欲無加諸人
자공왈 아불욕인지가저아야 오역욕무가저인
子曰 賜也 非爾所及也
자왈 사야 비이소급야

공야장편 11장

자공이 말했다.
"저는 남이 나에게 하지 않았으면 하는 일을 저 역시 남에게 하지 않고자 합니다."
공자께서 말씀하셨다.
"사야, 그것은 네가 할 수 있는 일이 아니다."

"저는 욕 듣는 게 싫기에 저 역시 다른 사람에게 욕하지 않겠다"라고 하는 제자 자공에게 공자께서는 그게 그렇게 만만한 일이 아니라고 말씀하셨습니다. 손가락 안에 꼽히는 우수한 제자들도 하기 어려운 그 일을 보통 사람들은 얼마나 어렵겠습니까? 역지사지(易地思之)의 어려움을 말하고 있습니다.

7月

1

子曰 不患人之不己知 患不知人也
자왈 불환인지불기지 환부지인야

학이편 16장

공자께서 말씀하셨다.

"다른 사람이 나를 알아주지 않음을 걱정하지 말고, 다른 사람을 알지 못함을 걱정하라."

상사가 나를 알아주지 않음을 걱정하지 말고, 내가 상사를 잘 모름을 걱정하라.
부하가 나를 알아주지 않음을 걱정하지 말고, 내가 부하를 잘 모름을 걱정하라.
아내가 나를 알아주지 않음을 걱정하지 말고, 내가 아내를 잘 모름을 걱정하라.
아이가 나를 알아주지 않음을 걱정하지 말고, 내가 아이를 잘 모름을 걱정하라.
업무가 맞지 않음을 걱정하지 말고, 내가 업무에 관해 잘 모름을 걱정하라.

하루 한 장 365 논어 일력

초판 1쇄 인쇄 2022년 11월 3일
초판 1쇄 발행 2022년 11월 22일

지은이 최종엽
펴낸이 정지은

마케팅 윤해승, 장동철, 윤두열, 양준철 **경영지원** 황지욱
디자인 this-cover.com
제작 삼조인쇄

펴낸곳 ㈜서스테인
출판등록 2021년 11월 4일 제2021-000166호
주소 03997 서울시 마포구 월드컵로20길 41-7 1층
이메일 sustain@humancube.kr
편집 070-7510-8668 **마케팅** 02-2039-9463 **팩스** 02-2039-9460

ISBN 979-11-978259-2-7 03140